●シリーズ福祉に生きる

68

平野《ひらの》恒《つね》

亀谷美代子／著

おおぞらしゃしゅっぱん
大空社出版

お読みになる人へ

〝福祉は「人」なり〟という言葉があります。この言葉は、福祉を職業とする者、またボランティアとして活動する者、さらに市民として福祉を担い、同時に主権者として福祉を考えるものにとって、重要なポイントとなります。その「人」、とりわけ多くの先駆者、先輩から、私たちは自らの在り方をしっかりと学ぶ必要があります。しかし今まで福祉を築いた人々については、余り知られてきませんでした。とくに地方の人々については、とらえられることがほとんどありませんでした。著名な人でも、その人の人生の中で、なぜ、福祉が実践され、どのような想いで展開されたかについては、深く探究されたことは少なかったのです。それは福祉を学ぶ者、また福祉を願う者、福祉をうちたてる者にとって、さらに国民全体にとって不幸なことでした。

このシリーズは、以上のような状況に対し、新しい地平をきりひらくため、積極的に福祉の先駆者、先輩の伝記を改めて探究し、書きおろしたものです。

是非、多くの人々が手にされ、しっかりと読んでいただけることを、願ってやみません。

一九九八年一二月　　　　一番ヶ瀬　康子

目次

はじめに　「おさなごにまなぶ」の思い出　横浜女子短期大学学長　平野建次……11
この本の構成について……14
第一章　保育を志すまで
一　平野家に生まれて……19
父友輔のこと／母藤のこと／生い立ち
二　平野家の周辺……32
矢嶋楫子のこと／二宮ワカの足跡／信仰を介したネットワーク
三　転機……44
人生の岐路に立つ　婦人ホーム初代寮長となる／学びへの道／青山学院神学部に学ぶ

第二章　社会事業の道へ

一　中村愛児園・相沢託児園を継ぐ……56
突然の園長就任／平田メモについて／運営の開始／地域のなかの保育
二　母子福祉施設を開く……77
母子への支援策／春光園母子寮の運営
三　保育者養成の創生……85
横浜母性学園の設立／横浜保母学院のスタート
四　敗戦まで……94
戦前の活動／戦時中のこと／疎開生活を送るなかで

第三章　戦後の再生と児童福祉

一　混乱期を生きる……104
再起／金沢郷にて／中村愛児園、再び／高風寮の設立／

高風子供園の運営
二　児童福祉の実現をめざして……………………………………124
横浜保母学院の再開／横浜保育専門学院への改組／
白峰会の設立／白峰会診療所
三　世界を知る旅へ…………………………………………………140
アメリカの児童福祉／カナダの保育事業視察／
平野恒の子ども観について

第四章　保育・幼児教育の発展のために

一　子どもたちのしあわせを求めて………………………………152
児童相談室の開設／高風の子どもたち、中村の地域とともに
二　専門教育の充実へ向けて………………………………………164
横浜女子短期大学の設立／
附属幼稚園の設置、施設の移転、拡充

三　保育者の専門性、地位の向上をめざして……172
社会福祉の充実のためのネットワークづくり　神奈川県社会福祉婦人懇話会の発足／保育者の資質向上のために　保育センターの開設

終章　保育者へのメッセージ……184

おわりに……189

参考文献……197
平野恒　年譜……206
付表一覧……207
人名索引……208

平野　恒

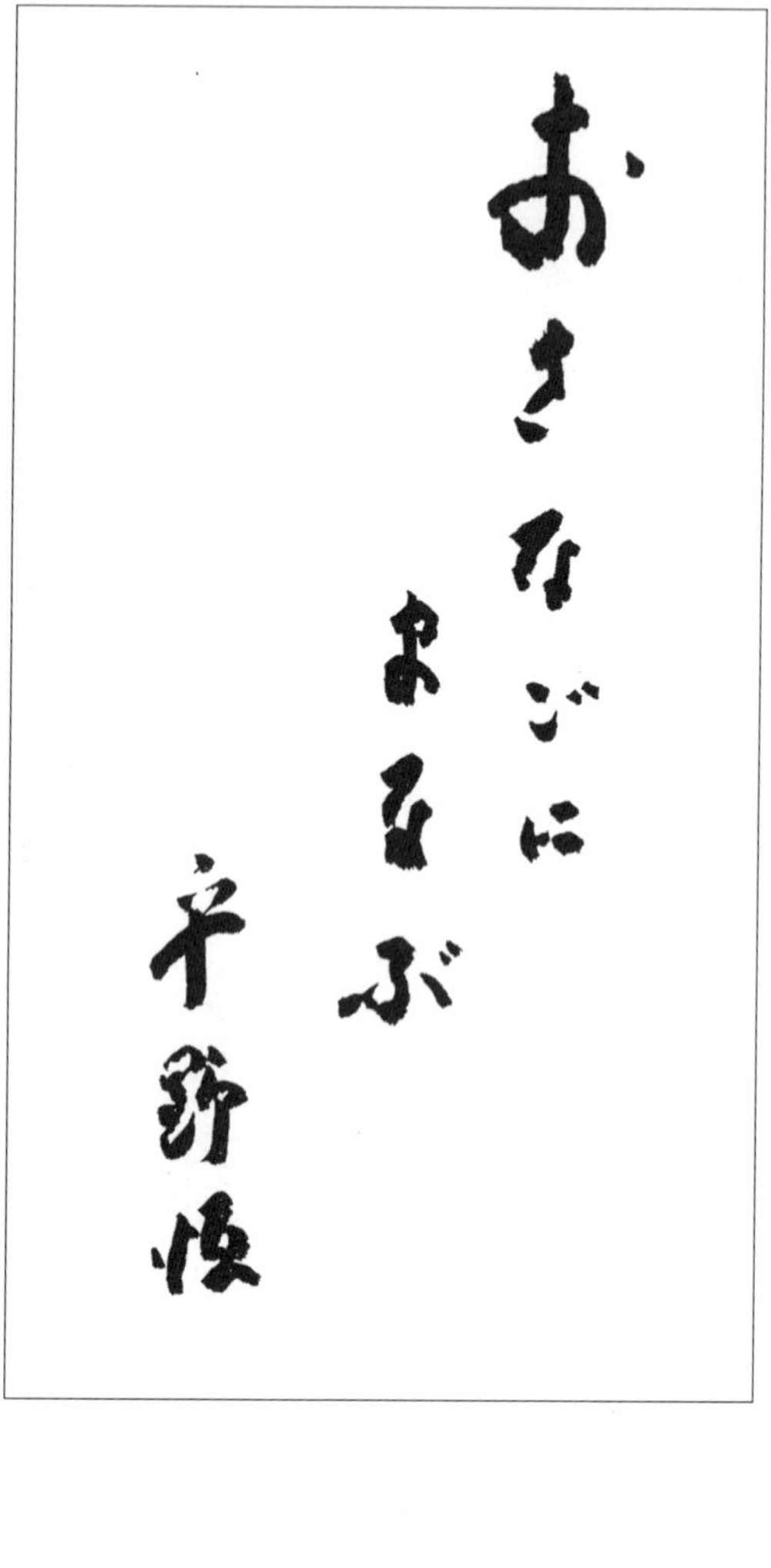

「おさなごにまなぶ」平野恒九五歳のときに

はじめに　「おさなごにまなぶ」の思い出

「お・さ・な・ご・に……」

時折、園児たちの中に、額に入った平野恒《ひらのつね》の書を見て読んでみせる子がいます。ひらがなが少しでも、読めるようになったということがその子にとっては大きなよろこびなのでしょう。私には「なるほど」と心うれしく思う記憶がよみがえってきました。

平野恒が晩年、脳梗塞で倒れ、小康を得、手足には未だ麻痺が残っておりましたが、徐々にリハビリを始めるようになったときのことです。字を書くことも良いのではないかと思い、筆を手に持たせ、前に置いた白い紙に「何でも良いから書いてみてください。」といったときの書が「おさなごにまなぶ」です。やはり、神経を集中するためか、書き終わる頃にはかなり呼吸が激しくなり心配をしたのを覚えています。

ところで、園児の話から、思い出したのはその時のエピソードです。私は、最初、漢字を入れて書くものと思っていましたので、「なぜ、全部ひらがななんですか？」と聞きました。「子どもたちが読めるようになったらうれしいでしょう。」という彼女の答えでした。まさしく、園児の話そのものだったのです。最期の病床にあるときも、子どもの話を聞いたり、写真を見たりするだけで、笑顔になるほど、子どもを愛し、いつも、子どものことを思っていた彼女です。

「子どもが大人に与える魅力。大人が子どもから学ぶ無数の限りない真理。この素晴らしさに私は、私の道が拓かれて今日に至ったといえます。」港南台に念願の横浜女子短期大学の新校舎が建ち、元気に活躍していた八〇才の頃、彼女が述べた心境です。

この心境に至るまでの彼女の歩んだ長い児童福祉の道のりを振り返り、このたび、大空社のご厚意により、亀谷美代子氏が著者となり、横浜女子短期大学図書館の奥泉和久氏の協力でまとめられた「平野恒」です。限りない感謝の思いでいっぱいです。

横浜女子短期大学学長

平野　建次

この本の構成について

この本は、平野恒の生涯の歩みをまとめたものです。彼女は、生前、自伝的な著書を二冊出版しています。最初が、一九五九（昭和三四）年の『白い峰』（白峰会）で、恒が引き継いだ中村愛児園（前身は私立警醒小学校附属児童教育所）の設立六〇周年を記念したものです。彼女が六〇歳のときです。その二〇年後の一九七九年には、『神奈川新聞』に「児童福祉とわが人生」を執筆しています。それが三年後に同名の著書として出版されました。

この二著の大きな違いは、前者が主に児童福祉事業の発展の経過を辿っているのに対し、後者は自伝的な色彩が濃く現れていることです。それは「わが人生」というタイトルが示すとおり当然なのですが、この間に存命であった母とともに恒は、色川大吉氏の訪問を受けています。色川氏による恒の父平野友輔の発見は、彼女にも大きな影響を与えたと考えられます。それまでの自身の仕事をふり返るきっかけになったのではないでしょうか。

しかし、いずれの書もすでに入手が困難で、お読みいただくことがむずかしい状況です。幸いなことに一昨年の二〇一三（平成二五）年七月から九月の『福祉新聞』において「福祉を創った女性たち　神奈川のお母さん　平野恒子」が五回にわたって連載されました。ここには大きく変化をとげつつある現代社会にあって、あらためて児童福祉の原点をさぐる意義が指摘されています。

そして、いま、このシリーズの一冊に「平野恒」がラインアップされることとなり、彼女が子どもとともに歩んだ生涯をふり返る機会が与えられました。

そこで、この本では上記の二著に沿って、児童福祉や保育者養成など平野恒の中心的な仕事をご紹介することにしました。まず彼女の生涯を四つの時期に区分してみます。

第一は、生誕から青山学院神学部を卒業するまでです。恒は、基督教婦人矯風会横浜支部婦人ホームの初代寮長となります。この仕事に就くことで、はじめて社会福祉の世界と接点を持ちます。しかし、自らの進路を再検討して、神学を学ぶことを決意します。三一歳で卒業するあたりまでです。

第二は、二宮ワカの後継者として保育所運営の仕事の道に進むことが中心になります。その仕事のなかから母子福祉というあらたな課題に直面し、解決の道を模索しつつ、さらには保母養成をめざします。しかし、戦災によりすべてを失います。敗戦の直後に、おそらく人生最大の挫折感を味わいます。三二歳から四六歳くらいまでです。

第三、戦後の混乱期は、彼女にとっては、喪失感のなかから再生し、戦前からの事業を継続するための準備をしつつ、あらたな事業を立ち上げるといった、もっともエネルギッシュに活躍した時代にあたります。自らの意志、というよりも時代の要請に応えた、というべきかもしれません。それがさらに平野恒という人物をひと回り大きくします。一九五〇年代の後半、六〇歳くらいまでです。

第四、一九六〇年代以降、彼女の晩年までは、仕事の完成期といえます。戦後の児童福祉に関する施策の実現に向けた努力、保育者のための地位向上、待遇の改善などへの提言を積極的に行う一方で、短期大学の設立によって保育者養成を高等教育に位置づけます。そして、教育・研究の環境の整備に尽力します。

なお、平野恒は、これまで平野恒子と称したりもしていますが、ここでは、平野恒で統一します。また、保母、看護婦など現在では使われなくなった職名については、歴史的な経過を考慮して、その時代に用いられていたとおりを記述します。聖句（聖書の中のことば）についても当時彼女が表記したとおりに記しました。ただし、保姆を保母といったように、旧字は新字にあらため、横浜保姆学院も横浜保母学院と表記しました。関係者のお名前の敬称は略させていただきました。

第一章　保育を志すまで

一　平野家に生まれて

平野恒《ひらのつね》は、一八九九（明治三二）年二月一日、現在の神奈川県藤沢市に父友輔《ともすけ》、母鐙《とう》（藤）の次女として生まれました（鐙は、藤とも称していましたので、ここでは藤と表記します）。父友輔は、若き日には自由民権運動の活動家として名を馳せ、その後も開業医を営みながら地域の政治・医療に貢献しました。母藤は、看護婦の仕事に従事した後、家庭看護の本を初めて出版したことで知られています。恒は、この両親のもと、明治には珍しい自由で平等をモットーとする家庭に育ちました。

父友輔のこと

平野友輔に関しては、色川大吉『明治人　その青春群像』（人物往来社一九六五）によって広く知られるようになりました。色川は、友輔について「神奈川県の誇る最も輝かしい自由民権家」で「三十代以降、郷里藤沢に帰って誠実なクリスチャン医師として、また社会教育者として『大地の塩』となることに甘んじた」と評し、また、その人となりについて、「日常的な生活面においてもすこぶる近代的で、生涯、一個の人格として矛盾分裂することがなかった」と語っています（『平野友輔を語る』藤沢市文書館平野友輔を語る会　一九八四）。

友輔は、一八五七（安政四）年一月九日、藤沢宿坂戸の薬種商の長男として生まれました。学問は、藤沢羽鳥の私塾読書院（後に耕余塾）で、小笠原東陽に学んでいます。一八七七（明治一〇）年に上京し、東京医学校の通学士として、医学の道を志します。二年後の一八七九年、進級試験を受け、東京大学医学部別課に入学、医学生となります。

在学中に学友で小笠原東陽の嗣子鍾《あつむ》の影響を受け、自由民権運動に関心を抱くようになります。国会開設を請願する運動が全国展開し、一八八一年一〇月には、一八九〇年に国会を開設する旨の詔書が発せられ、その数日後には自由党が結成されます。友輔は、いち早く入党し、神奈川県代表として結成大会に参加、その翌月には神奈川県民懇話会幹事となり演説会に登壇します。政治の季節に遭遇した友輔は、その潮流のまっただ中に身を任せることになります。

一八八三年、二六歳で卒業、開業医の免許を取得します。この頃に友輔は、多摩の民権グループに加わり、その翌年、東京府八王子で医院を開業します。医療に従事するかたわら、八王子を政治活動の拠点に、多摩地域、築地、横浜などの演説会に弁士として奔走します。しばしば警察にも召喚されるほどにその言動はラディカルだったようです。

当時の神奈川県で政治活動の中心的な人物は、初代の神奈川県会議長石坂昌孝でした。その石坂の信望を得たのでしょう。友輔は、大学を卒業した年に、昌孝の娘美那と婚約を交わします。しかし、その後、美那は北村透谷のもとへと走り、破談となります。

一八八五年、友輔は、八王子でキリスト教（日本メソジスト派）に入信します。二八歳のときです。その翌年の七月には、活動の地を藤沢の長《ちょう》後《ご》に移し、診療に専念することになります。美那との関係が影響していたのかもしれません。

友輔は、一八九五年の神奈川県医会の発足時に高座郡支部長、一八九八年、市町村立学校に学校医を置くことが義務づけられたときには、藤沢町内の藤沢、明治、鵠沼小学校の校医となるなど、地域医療に貢献します。一九〇二年八月には、第七回衆議院議員選挙に無所属で立候補、当選を果たし自由民権運動が終息した後も、政治活動にも専心しています。また、藤沢教会の創設にも尽力しました。

しかし、一九二四（大正一三）年九月、友輔は、藤沢駅落成記念式の祝賀会の席で脳溢血で倒れ、三年七か月の闘病生活の末、一九二八（昭和三）年四月、七二歳で生涯を終えます。

父平野友輔　1902 年
衆議院議員当選の頃

色川大吉（右）の訪問　左から二人目藤、その右が恒

母藤のこと

友輔の四年近くにわたる闘病生活を支えたのが、妻の藤でした。藤は、一八六九（明治二）年一一月三日、犬山藩（現愛知県犬山市）の士族安田伊八郎の長女として生まれました。七歳の頃から父に四書などを学んでいます。明治維新を迎え、一家は非常な苦境に追い込まれますが、藤は父の死後一七歳のときに上京します。女でも働いて家を助け、一人前になりたいとの一心からでした。一八八八年、東京慈恵医院（現東京慈恵会医科大学附属病院）の給仕を経て、同院看護婦教育所七回生として入学を許可されます。一八九三年に卒業、翌年九月、看護婦として働いていたとき、往診に来た友輔と出会い、結婚します。

一八九六年五月、藤は、友輔に励まされ『看病の心得』（佐藤春刊）を著します。日本で初めての看護婦による「家庭看護法」の書といわれています。同書は、学生時代に受けた看護教育に自らの看護体験を加え、家庭看護の向上を目的にまとめ、「設備の整わなかった時代の介抱《かいほう》の中から、病者へのいたわりの想いと科学性を看護者自らの手によって整え」たもので、そこには「看護する者のこころと技が喚起される」と坪井良子によって高く評価されています（坪井良子編『近代日本看護名著集成　解説』大空社　一九九八）。同じ年の秋、藤は、東京の下谷区竹町（現台東区）の教会で小川牧師から洗礼を受けています。

藤は、友輔が「猛志硬行」の人と呼ぶほどしっかりした女性だったようです。藤は、「父とは対照的な明治の女で、身一つで嫁に来たのに士の娘という気位を保って」だれにも臆するところがなかったといいます（平野恒子『児童福祉とわが人生』神奈川新聞厚生文化事業団　一九八二（以下『わが人生』））。恒を出産した翌年には、富士登山を計画します。当時は、男性でも登山者が少なく、ことに女性はほとんど稀でした。友輔は心配の余り書生を連れていくよう助言しますが、これを聞き入れず、聖書を懐に入れて単身決行したというエピソードがあるほどです。

その一方で藤は、和歌を友輔とともに海上胤平《うながみたねひら》翁に学び、藤沢周辺

藤 81 歳のとき

の婦人の有志を集めては、鎌倉の星野《ほしの》天知《てんち》を招いて習字の会を催すなどの一面を有していました。友輔の闘病の間は、看病に専念し、克明な病床日誌をつけ、主治医の便宜をはかりました。友輔との最期の別れのときには、次の一首を認め、その胸元に置いたといいます。

うつし躬はしばし別れん君とわが　とこ世の家ぞ天つ国なれ

そして、その後の四〇年余を、藤は、友輔のことを懐かしみながら娘たちとともに藤沢で過ごしました。晩年まで聖書を手放さず、神の恵みを讃え、賛美と祈りの日々を送り、一九六九（昭和四四）年一月元旦、九九歳で天に召されました。

生い立ち

一八九三（明治二六）年七月二三日、平野家に長男友信《とものぶ》が誕生します。その三年後の一八九六年六月一〇日、長女の康《やす》が誕生、さらにその三年後の一八九九年二月一日に、次女の恒が生まれました。

一九〇二年五月一六日、三女正《まさ》が誕生、この年の八月に友輔は衆議院議員選挙に立候補、当選を果たします。ところが、翌一九〇三年四月、友信が九歳で突然病死します。恒が四歳のときでした。友信の葬儀は、両親の意向によりキリスト教で行われましたが、友輔は長男を失ったことについて落胆を隠せなかったようです。恒は、「父友輔からは兄のことを一度も聞いたことがない」と回想しています。一九〇四年三月三〇

1907年、妹英誕生記念　一番右が恒

日、四女武《たけ》、一九〇七年二月五日には五女英《ひで》が誕生します。武は後にフランス文学者となります。

一九〇五年四月、恒は、藤沢市立尋常高等小学校（現藤沢第一小学校）に入学します。恒はどのような子どもだったのでしょう。「そのころ少女の髪型は、いちょうがえしか桃割れでした」。ところが友輔は、これを非衛生的だとしてお下げ髪にさせます。男の子たちにはとても珍しかったようです。後ろから三つ編みにした髪を束ねたリボンを引っ張っては、彼女が「うるさい！」と大声をあげると、ますます相手はおもしろがってからかいます。恒も負けていません。はいていた下駄を振りあげては、夢中で逃げる相手を追いかけたといいます。なんと勇ましい姿でしょう。また、母親に買って貰った桐の下駄を割ってしまうことが度々あり、ある日友輔からは「恒子には鉄のげたをはかせておけ」と言われ、「家中の大笑い」となります。両親の愛情を受け、多くの姉妹に囲まれ、賑やかな家庭で幸せな幼少期を過ごし、恒の心は、強く、たくましく育まれていったようです。

一九一二年四月、恒は一三歳を迎え、三歳年上の姉と同じく、仏英和高等女学校（現白百合学園）に入学、寄宿生活に入ります。両親ともにプロテスタントでしたが、知人の勧めもあり、カトリック系の同校で学ぶことになります。長女、次女の恒につづいてその妹たちも同校で学んでいます。

当時の仏英和高等女学校は、学習院、聖心、雙葉とともに女子教育の花形で、友だちには政財界、文化人など知名士の娘たちが多数いました。

寄宿生活は、食事の時間、就寝、起床などすべてが決められたとおり、集団行動によって日課が組まれ、「新聞は読ませない、手紙は全部開封」され、「ふろには浴衣を着て入り」、「便所に行くにも」当番のシスターに「ことわらなければならない」ほど厳格でした。よほど大変な思いをしたのでしょう。それでも在学中、ローマ法王の使節が来日、同校を訪問されたときには「全校生徒を代表して英語で歓迎の辞を」述べています。「日ごろ、怠け者の私がどうして選ばれたかわかりませんが、私はこの時ばかりは一生懸命にしました」と思い出を語っています。

寄宿生活によって厳しい教育を受けた後は、自宅で両親のもと家事を覚えさせるというのが、平野家の教育方針でした。新しい考え方とともに、そこには古風な一面がうかがえます。両親から、信仰を強要されることもなく、自分の考えで決意し、機会があれば受洗を勧められたといいます。平野家では、こうしたことも含め「信教の自由」が尊重されていました。宗教とともに食生活にもアメリカの生活様式が採りいれられていました。食卓にはこの時期にしては珍しくカレーライス、コロッケなどが並び、横浜に出た折にはパンを買い求めるといったこともありました。

友輔は、明治の政治家であり医者でしたが、恒にとっては「日常生活に大胆な科学的な合理性を取り入れるなど、男女平等の思想の上に立ったやさしい家庭の父」でした。たとえば、トラホーム（現在のトラコーマ）など感染症に配慮して、娘たちの髪型にも注意を払うなど、日々の暮らしのなかに細やかな心配りも欠かさなかったようです。その根底にあったのは彼の人間観でした。

父が自分は一家の主人であるという特殊な振舞いをしたのを見たことはありません。……父は母にも、働く人にも、まだ言葉もわからない子供であっても、人間一人ひとりは尊いという人間尊重の精神を常にもっていました。人間の平等観、この「真理」を極く自然に身につけていました。(『平野友輔を語る』)

そして、恒は、「私が長じて児童福祉事業に携わって、『大人の義務』、『子どもの権利』を強調するに当って、父に学ぶことは際限ありません」と自らの仕事への父の影響の大きさを述べています。

自由で平和に満ちていた平野家に突然大きな変化が訪れます。一九二三（大正一二）年九月の関東大震災で平野家は全壊し、さらにその翌年の九月には友輔が倒れ、闘病生活を強いられることになります。恒も人生の大きな岐路にさしかかっていました。

二　平野家の周辺

平野家にはよく、キリスト教関係者が出入りしていました。そうした人びととともに友輔と藤は、人間の自由、平等について深い関心をもち、男女平等の生き方を実践し、まだ女性に参政権がない時代に「婦人の社会的地位の向上」を熱心に推進しました。恒はこうした両親の考えを、日常の家庭生活をとおして自然に享受してきました。

矢嶋楫子のこと

平野家に出入りしていたひとりに矢嶋楫子《やじまかじこ》がいます。楫子は、姉の徳富久子（蘇峰の母）の紹介によって毎年避暑のために平野家を訪れていました。それは楫子がまだ女子学院の院長をしていた頃だった、と恒は回想しています。とすれば、恒が一〇代の半ばくらい、女学校の頃ということになりそうです。

ところが、平野家と楫子の交流は、それよりもさらに前、恒の生れる前に遡ります。そのことをまず見ておきましょう。藤が受洗したことは前にふれましたが、一八九六（明治二九）年、楫子が入院、その見舞いに訪れた藤に、楫子は受洗を強く勧めています。その後、一九〇二年に友輔が衆議院議員に立候補した際には、楫子は応援のために藤沢を訪れています。このように矢嶋楫子は平野家とは、かなり以前から往き来がありました。

ここでもう少し楫子のことについてふれておきます。楫子は、一八三三（天保四）年肥後国（熊本県）の生まれ。結婚後、再三にわたり夫から暴力を受け、子どもを郷里に残したまま離婚します。男尊女卑の考えがまだ強く残る頃に、妻から離婚を宣言することは不道徳と見なされました。このような重荷を背負いつつ、上京。東京府教育伝習所で学び、四〇歳のとき教師の資格を得ます。小学校教師として働き、一八七八年、四六歳のときに、アメリカから布教のために日本を訪れていた宣教師ミセス・トゥルーと出会い、ミッションスクール築地新栄女学校の校長の職を与えられます。

一八八六年、楫子は東京基督教婦人矯風会（一八九三年、日本基督教婦

人矯風会）を設立、自ら会頭となり、廃娼運動をはじめとする社会浄化や婦人参政権の実現などの女性解放の先駆者として運動を展開します。一八八九年、女子学院を設立、院長に就任したことはよく知られているとおりです（久《く》布《ぶ》白《しろ》落《おち》実《み》『矢嶋楫子伝』〈伝記叢書31〉大空社　一九八八、不二屋書房一九三五年刊行の複刻版）。

矢嶋楫子　友輔、藤あてのはがき
1915 年叙勲のときに 83 歳

楫子が活動を共にしたのは、平野友輔や藤でした。恒と楫子の年齢差は六〇歳ほどもあり、恒は楫子から直接的な影響を受けたとは語ってはいません。しかし、恒は少女期に出会った楫子のことをはっきりと記憶しています。両親、二宮ワカ、そしてその後には恒自身が基督教婦人矯風会の活動に深く関わっています。また、恒がキリスト教を考え方の根拠に置いて社会活動をはじめたとき、楫子の跡を継いだ人たちと行動を共にしていますので、それらの活動をとおして楫子のことが意識されていたと考えられます。恒は児童福祉の向上、啓蒙などのために公共の福祉、子どもや女性の権利、法整備など広く社会に訴えかけていくことになります。楫子と出会ったことが何らかの影響を及ぼしてはいなかったでしょうか。

恒も楫子ほどではないにしても、一生の仕事を発見した時期は決して早いとはいえません。天職を見つけるとそれにとりつかれるように自らの道を歩みはじめるその姿は、楫子を彷彿とさせます。

二宮ワカの足跡

もうひとりが二宮ワカです。平野恒にとって二宮ワカの影響力は、決定的でさえありました。ワカとの出会いがなければ、恒は神学を学ぶことも、児童福祉の道へ進むこともなかったかもしれません。その契機となったのが、一九二六（大正一五）年のことです。恒は、二宮ワカから基督教婦人矯風会横浜支部婦人ホームの初代寮長となるよう指名されます。友輔が療養中のことです。このときワカは、基督教婦人矯風会の横浜支部長でした。

ワカについて伝えられることは多くありません。しかし、ワカは、この国が近代化への歩みをはじめたとき、それによってもたらされる社会の矛盾や歪みに気づき、弱者救済のための道を切り開いてきたひとりです。ここでは紙数の関係で多くを語ることはできませんが、その足跡を辿ってみましょう。

ワカは、一八六一（文久元）年、周防国（山口県）に生まれました。

一三歳のときに両親とともに上京、東京工部省女工伝習所に入学します。この学校は日本初の官立の女学校で、新しい技術や工芸、英語などを教えています。ところがすぐに廃校となり、一八七六年、ワカは共立女学校（現横浜共立学園）に転じます。

二宮ワカ

在学中に横浜海岸教会でJ・H・バラ牧師から洗礼を受けています。

一八八一年に卒業した後は、メソジスト教会婦人伝道師会の一員として横浜で慈善活動をはじめます。この年に、同郷の二宮安次と結婚します。安次は、福音会を創設し会長をつとめ、貿易商を営む実業家でもありました。

同年、伝道師会の援助のもと、横浜区不老町（現横浜市中区）に子どもたちの教育施設、警醒《けいせい》小学校を設立します。ワカは教壇に立ちながら運営にたずさわります。一八八九年、久良岐《くらき》郡根岸西竹の丸（現横浜市中区）にヴァン・ペテンらとともに第二警醒小学校を設立します。翌年には、日愛隣女学校、一八九三年には神奈川幼稚園を創設します。この園は、日本人による初のキリスト教による幼稚園です。

そして、一八九九年、同郡中村（現横浜市南区）に私立警醒小学校附属教育所を設立し、恵まれない家庭の子女を預かりました。これが中村愛児園の前身にあたります。一九〇五年には相沢託児園をつくります。戦後、同園は高風保育園に継承されます。また、二宮は夫婦で矯風会に入会し、会の普及に情熱を傾け、ワカは横浜支部長として婦人の保護、救済に取り組みました（「二宮ワカ女史」『社会事業功労者事跡』大空社〈伝記叢書72〉一九八九、社会局一九二九年刊行の複刻版）。

ワカの人柄について、彼女の娘婿で白峰会の最初の理事であった伊藤信一がその思い出を語っています。一九五八（昭和三三）年のことです。

二宮ワカは信念の人でした。正しいことのためには、他の反対を押し切ってこれを貫ぬ《ママ》くのでした。このため、県庁にどなり込むこともたびたびでしたので、県庁の人たちは女大久保彦左衛門と恐れていましたが、その反面親切なところもありました。……

母はまた気の毒な婦人の世話をよくしました。二宮家には常にこのような気の毒な婦人がおりました。母はその人たちの前身をあまり語らず。ある人は学校に通わせたり、あるいは結婚させたり、よく人々の面倒をみてやりました。……

母は時間をムダにしませんでした。当時のミッションスクール出の方も同様、人と話をする間でも、編物をしたり、他の仕事をしました。仕事が早いので、夏になると、張り板のとりあいで、いつも家内は母に負けていました。（『白い峰』）

表－1　二宮ワカ年譜

1861（文久元）年
9.18　周防国（現山口県吉敷郡山口町）に誕生
1874（明治7）年　13歳
4.-　東京工部省女工伝習所に入学
1876（明治9）年　15歳
2.-　横浜共立女学校に入学、1881年7月卒業
1881（明治14）年　20歳
12.-　横浜区不老町（現横浜市中区）に警醒小学校を創立、教鞭を執る傍ら宗教運動に奮闘
1888（明治21）年　27歳
12.-　ヴァン・ペテン女史の援助を得て、横浜婦人慈善会、慈善病院を設置
1890（明治23）年　29歳
-.-　基督教婦人会を興す
1893（明治26）年　32歳
6.-　神奈川幼稚園を創設、園長となる
1899（明治32）年　38歳
12.-　久良岐郡中村（現横浜市南区）に私立警醒小学校附属児童教育所（中村愛児園の前身）を設立
1900（明治33）年　39歳
10.-　私立愛隣女学校を創設
1905（明治38）年　44歳
2.-　横浜市根岸町（現磯子区）に相沢託児園（高風保育園の前身）を設立
1918（大正7）年　57歳
-.-　私立警醒小学校附属児童教育所校舎を新築
1923（大正12）年　62歳
4.-　神奈川県社会事業協会理事に嘱託される
1925（大正14）年　64歳
3.-　基督教婦人矯風会附属婦人ホーム、同授産部、裁縫夜学校等を開設
1928（昭和3）年　67歳
11.-　社会事業に対する功績を認められ藍綬褒章を下賜される
1930（昭和5）年　69歳
10.25 帰天（享年69）

信仰を介したネットワーク

平野家と関わる人物を二人見てみましたが、もう一人興味深い人物がいます。まだ友輔が藤と結婚する前の時期です。一八八六（明治一九）年、友輔は、八王子から活動の拠点を藤沢へ移します。その年、友輔宅の空き地に、アメリカ長老教会ミセス・トゥルーによって英語学校が開かれます。トゥルーはここで伝道と英語を教授しています。

このメアリー・トゥルーという人物は、矢嶋楫子を女子学院の院長に導いたことで知られる「ツルー」のことです。彼女が、藤沢で伝道をはじめるに際し、平野家を拠点としたのは、友輔とどこかで接点があったからです。考えられるのは、友輔がトゥルーを直接知っていたのか、それとも誰かを介して間接的に知ったのかということなのですが、ここでは平野家ととくに関わり合いの深かった、矢島楫子と二宮ワカの可能性を見ておきましょう。

トゥルーと楫子がはじめて会ったのは、藤沢に学校を開く七年前の一八七八年です。一方の二宮ワカは共立女学校のときのトゥルーの教え子にあたります。トゥルーは一八七四年から一八七六年まで同校で教鞭を執っています。一八七六年にワカが入学していますので、わずか一年ですがそこに接点があります。

楫子、ワカともにトゥルーとの関係が認められるのですが、それが友輔へとつながってゆくのかについては明らかではありません。とはいえ、信仰を介してアメリカ人の宣教師を含め教会を中心としたネットワークが形成されていて、伝道のために人の交流や情報の共有などが行われていたと考えてよさそうです。それがときを経るにしたがって強固な地盤を形成していったと考えられます。

三　転機

二宮ワカの導きによって平野恒は、基督教婦人矯風会横浜支部婦人ホームの初代寮長となります。恒は後に「無鉄砲」だったと述懐していますが、なぜ自分がワカに指名されたのかについては多くを語っていません。いずれにしてもワカと友輔、藤との間に強い協力関係が働いていたことが大きな理由のひとつだったことは間違いなさそうです。

ところが恒はその一年後に寮長を辞め、青山学院で学ぶことになります。この頃、父友輔は自宅で長期療養中でした。学費も将来のあてもないまま恒は、人生の大きな岐路に直面することになります。

人生の岐路に立つ　婦人ホーム初代寮長となる

一九二六（大正一五）年四月、平野恒は、二宮ワカの推薦で、基督教婦人矯風会横浜支部婦人ホーム初代寮長に就任します。婦人ホームは、メソジスト横浜蓬萊町教会の敷地内につくられ、常時二〇人くらいの婦人が生活していました。家庭的な不和などによって生活できなくなり、社会の底辺で不幸な境遇に置かれていたような人たちです。ときには遊郭から逃げてくる婦人をかくまい、場合によっては個人宅や有志の施設などに援助を求めることもありました。ホームは、救いを求めてきた彼女たちを保護・救済することを主要な業務としていました。現在のことばで置き換えるならばシェルターといったところでしょうか。

こうした婦人ホームでの仕事をとおしていろいろと考えることがあったのでしょう。詳しい理由、時期などはわかりませんが、その年のうちに恒は、日本メソジスト蓬萊町教会で杉原成義《なりよし》牧師により洗礼を受けています。

おそらくは同じ頃だと思われます。恒は、この仕事に「矛盾」を感じるようになります。

人間は生まれてきたその幼児期が一番大切で、既に成人した者にどれだけ骨を折ってもだめではないか、ということでした。今私が夢中で働いていることは「既に遅い」のです。人間は歩み出しの一歩を誤ってはいけない。幼児期の保育こそ人間生涯の人格形成に一番大切なことなのです。確かにこのホームの事業にも意義がありますが、私は一生の仕事として幼児の保育と取り組まねばならないと考えるようになりました。(『わが人生』)

どういうことなのでしょう。上に述べた女性たちの更生に対する考え方に変化が生じたということでしょうか。彼女たちのような境遇にある人を生み出さない社会をつくるには、子どもたちの保護・教育こそが重要だとの認識に至ったということなのでしょう。恒は「清潔な環境の中で子どもの幼児時代を育ててみたい」との願望を抱くようになり、ついには「人間教育の最初の重要性に目覚め」ます。

ところが、ここには、一般的な感覚では理解しがたい独創的な考え方があると元横浜女子短期大学教授の鶴山マサ子は指摘します。それは恒の考えが、幼児の保育、キリスト教、清潔によって表現されていることです。平野家の生活環境、仏英和高等女学校での寄宿舎生活、さらには婦人ホームでの経験が反映されることにより、これらが「理屈でなく生活感覚の深いところで一つに結ばれ」たこと、そして、それらによって、罪や汚れなき清浄な環境こそが子どもたちの生活にふさわしいとの理念が形成され、さらにこうした考え方にもとづいて保育の実践を志向したところに彼女の信念が表明されていると分析しています（鶴山マサ子『わが心に生きる恩師　平野恒子』西田書店　一九九九）。

平野恒は、ここで自身の人生航路の大きな舵を切ることになります。それにしてもワカに抜擢され、未知の世界に飛び込んだ恒が、自身で「無鉄砲」だったと語るほどに婦人ホームの寮長という仕事は、大きな冒険であったはずです。また、恒がこの事業のために「かけ引きなく打ち込」

んだことも疑いがありません。それを一年で辞めて、自ら学ぶ道を選んだことは、大きな決心が必要だったはずです。その進め方にも彼女の独創的な考え方が発揮されます。

学びへの道

一九二七（昭和二）年四月、平野恒は、幼児教育を徹底して学ぶために青山学院神学部に入学します。

恒は、その理由についてあらためて「光の子らしく歩きなさい」という聖句を引用して「私の内に燃える勇気は子どもと同様に、神の僕《しもべ》らしく日々を歩むこと」で、これが「使命に生きる」自らの生き方だった、と述べています。これは恒自身の心情をそのまま表現したもので、ここからは純粋な信仰心というべきものが感じられます。

このとき恒は、婦人ホームの寮長をしていたわけですから、当然、自らの仕事をどう考えていたのかについても見ておく必要があります。婦人ホームでの働きは「社会で活動することの土台を築くもの」で「いろいろの苦労を経験し」たが、それは「新しい希望に生きるためには問題にもなりません」というのがそれです。ここには迷いといったものがありません。後年、恒は、このときの選択に言及するなかで、フレーベルが青春時代に迷いながら保育の道を発見したことに思いを馳せています。彼女もまた、このとき新たな学びへの道を見出しています。

ところが彼女は、進学について、秘密裡に事を運ばなければなりませんでした。青山学院への進学について「諸方面の交渉をひそかにすすめ」ます。ここで「諸方面の交渉」というのは、受験、入学手続きから学費の工面を含めてのことでしょう。「とにかく両親には内緒、だれにも決意を語らず、この目的を達成したい」と考えます。進学について両親の理解を得られなかった理由は、恒が虚弱体質であること、また彼女の信仰について不安があったことが主な理由にあげられています。そうしたこともさることながら、父友輔の闘病生活がすでに二年半に及び、この

W. ドレーパー
写真提供 横浜愛隣幼稚園

先、六〇歳近くになる母や妹に看病を任せておいてよいものか、自分だけ学校に通うこと、ましてや両親に金銭的な負担をかけるわけにはいかないという思いが当然考えのなかにはあったのでしょう。

とはいえ、そう単純に事が運ぶとも思えません。最初寄宿舎にいましたが、その後父の看病のために自宅から通学することになり、やがてこの「秘密」も明らかになります。一方で恒は、婦人ホームの仕事に「二年間、かけ引きなく打ち込」んだとも述べています。このとおりだとすると在学中も一年間は、婦人ホームで働いていたことになります。アルバイトのようなことをしていたのではないでしょうか。それ以外にも保土ヶ谷のメソジスト教会の日曜学校でボランティアとして手伝いをしたりして得た収入を、学費の足しにしています。

横浜蓬莱町メソジスト教会の宣教師ミス・ドレーパーには多額の借金をしています。ドレーパーとは、ウィニフレッド・ドレーパーのことです。彼女は、日本に宣教のために訪れたギデオン・フランク・ドレーパとシャーロッテを両親にもち、自身も伝道者として中村愛児園・相沢託児園の理事や愛隣幼稚園（現横浜愛隣幼稚園）を創立して、初代の園長となるなど多方面で活躍しました。

青山学院神学部に学ぶ

幕末から明治にかけて日本へのキリスト教の布教活動が盛んに行われるようになります。そうしたなか、青山学院は米国メソジスト監督教会から派遣された宣教師たちにより設立されました。一八七四（明治七）年、東京麻布本村町に開校された「女子小学校」、一八七八年東京築地に開校された「耕教学舎《こうきょう》」、一八七九年、横浜山手に開校された「美会神学校《びかい》」を源泉として変遷を重ね、合流して、現在に至ります。建学のモットーは「地の塩、世の光」(マタイによる福音書　五章一三～一六節)です。

平野恒が入学した一九二七(昭和二)年は、青山学院にとって大きな変革の年でもありました。関東大震災によって教育施設など多くの建物を失い、かねてから検討されていた青山女学院との合同計画が具体化されることになります。翌一九二八年、神学部に女子部が設立されました。

恒は、在学中の三年間でとくに印象に残っている講義をいくつかあげています。旧約聖書は、渡辺善太。新約聖書は、松本卓夫で、後に広島女学院院長。原爆に遭遇し、夫人を亡くし、その後世界平和のための活動に尽力します。松本は、後に恒が属する日本キリスト教団藤沢めぐみ教会名誉牧師となります。

比較宗教は、比屋根安定《ひやねあんてい》と男子部長アーサー・D・ベリー。ベリーは、戦争中に最後の引揚船で帰国しています。

キリスト教幼児教育は高崎能樹《たかさきよしき》。高崎は、東京阿佐ヶ谷で幼稚園を経営、幼児教育の普及に尽くします。恒は、この講義を「無上の楽しみ」

だったとしています。

一九三〇年三月に青山学院を卒業します。第四七回卒業式の式次第の神学部女子部に、平野恒の氏名が確認できます。

直後の四月二二日から六月一四日まで、恒は「講習会」に参加しています。これは卒業生を対象とした特別講座で、講習の内容は、学術的だったようです。恒は、新約聖書では、ベリーのルカ伝、松本のピリピ書注解、パウロの書簡についての講義に感銘を受けます。旧約聖書では、渡辺の講義に強く印象づけられ、毎回講義が終わることを惜しんでいます。日本キリスト教史は、比屋根に習い、川尻の実際伝道、高崎の宗教教育も有益だったと感想を述べています。このようにして、約八週間は瞬く間に過ぎ去ったと回想しています。

おそらくは、この講習会が終了してすぐのことでしょう、恒は、ミス・ジョーストの紹介で、東京都内の女学校で聖書を教え、中高生のクラブ活動の指導をしています。ジョーストという人は、青山学院合併後、

青山学院神学部卒業記念　2列目右から2人目が恒

女子部ができたときに女子部部長になった、ハリエット・ジョーストのことです。ジョーストは、アメリカ人宣教師で、一九二六年、横浜市山手に三年制の私立日本女子神学院を設立しています。この学院は、合同の際に、青山学院本学部女子部に統合されました（青山学院資料センター所蔵資料）。

ところが、恒は、健康を害し、静養を余儀なくされます。

第二章　社会事業の道へ

　平野恒は、二宮ワカに導かれ、婦人ホームの寮長となりますが、一年でそこを離れ、青山学院で学びます。これは彼女にとって大きな転機となったはずです。このことは、この時期に児童福祉を一生の仕事とする決意を固めたことを必ずしも意味するものではありませんが、神学をとおして教育の本質、つまり根本から勉強しなおす契機となったことは疑いようがありません。

　恒は、進学によってワカのもとを離れることになりますが、ワカから遠ざかることではない、ということは後になってわかります。信仰を介したネットワークのなかで、恒は、自らの仕事を選択してゆくことになります。この章では、そのプロセスを辿ります。

一　中村愛児園・相沢託児園を継ぐ

平野恒にとってこの時期は決定的な意味をもちます。彼女はこのときも福祉の何たるかをも知らずにこの道へ足を踏み入れたことを「無鉄砲」ということばによって表現していますが、このことばには注意を要します。無鉄砲とは、前後の見境なく、無計画という意味です。そのことばとは裏腹に、彼女は自分の将来を見極めるために六か月の熟慮期間を置いています。伝記を読む上で注意したいところです。

突然の園長就任

一九三〇（昭和五）年一〇月、二宮ワカが亡くなります。六九歳でした。ワカの葬儀には、病気療養中の友輔に代わって恒が参列しています。このとき、恒は、ワカの遺族から「どうか母の仕事を引き継いで下さい」と伝えられます。二宮ワカの遺族から要請があったのはいかなる理由からでしょうか。

遺族は、二宮ワカが矯風会横浜支部婦人ホームの初代寮長に恒を指名したこと、恒はそれに応え、二年間この事業のために打ち込んだことを知っています。ワカの娘婿の伊藤信一が「二宮ワカは信念の人でした。正しいことのためには、他の反対を押し切ってこれを貫」いたと語っていることは先に述べたとおりです。婦人ホームの寮長の職を打ち切り、学問の道を選んだ恒に、遺族は信念の人だったワカの姿を重ねていたようにも思われます。

青山学院で三年間の学業を修め、この三月に卒業した恒は、このとき三一歳になっていました。とはいえ、学校を卒業したばかりで、児童福祉に関し何の経験もないままに、いきなり二つの施設の責任者を引き受けるというのですから、ためらいがあったのは当然といえるでしょう。

私は人生経験においても半分にも到達しない未熟者、資力はなし、専門知識も乏しく、この方面では不適格でしょう。しかも一回も両施設を訪れたことはありませんでした。地域の子どもの顔も見ず、職員にも会うことなく、今考えれば決意した後も、このことにさえ気づかない徹底的な思慮に欠けた無鉄砲者でした。(『わが人生』)

恒は、断りつづけます。二つの施設の園長という仕事は、婦人ホームの寮長とは仕事の中身も重さも違います。子どもの生命、生活を預かるその管理全般を任されることになるのですから、責任の重さは比較にならないはずです。平野友輔の娘というだけで二宮の後継者に相応しいとは、関係者も考えなかったはずです。「中村愛児園・相沢託児園　理事会会則」は次のように人事について規定しています。

中村愛児園及相沢託児園ノ人事ニ関スルコトハ凡テ理事会ノ決議ニヨルモノトス(『白い峰』)

二宮家の意向があったにせよ、理事会の合議によって人事が決定されたということです。当時の理事は、渡辺たま、野村美智、ウィニフレッド・ドレーパー、菊地とみ子、城戸順子、平田平三、津田隆次、伊藤信一でした。

また、本人もそのようには考えなかったと思われます。六か月の期間がそのことを物語っています。この間さまざまな人に相談しています。平田平三牧師、ミス・ドレーパーからは仕事を引き受けるよう勧められます。ふたりとも理事です。それでも決心がつかないため、恩師である青山学院神学部教授別所梅之助に相談します。別所は、即座に「やってごらん。いやならやめるさ」と助言、この一言で決心がついた、と恒は言います。

ここでふたつのことを考えてみる必要があるように思われます。ひとつは、恒が「幼児期の保育こそ人間生涯の人格形成に一番大切……一生の仕事として幼児の保育と取り組まねばならない」と決意し、青山学院神学部に入学したことです。このとき寮長の仕事を自らの意志で辞めています。ふたつめは、青山学院を卒業後、短期間でしたがミス・ジョーストの紹介で宗教教育者としての職を得、健康上の理由により断念せざるを得ませんでしたが、その道を歩みはじめていることです。

このことから私たちは何を読みとったらよいのでしょう。寮長の仕事は、とくに友輔との関係によってワカから与えられた仕事といえます。ところが、卒業後は、そのときとは状況が異なります。条件が許せば彼女にはあらたな神学への道が開かれていました。二つの施設の長という仕事は、そうした状況のなかで、恒が選びとった仕事だということです。とはいえ、彼女には信仰やさまざまなかたちで社会参加している人たちによる豊かなネットワークの後ろ盾があったことは幸運でした。

一九三一年、平野恒は、二宮ワカを継いで中村愛児園・相沢託児園の園長となります。

平田メモについて

園長に指名された恒が最初に着手したのは、二園の来歴を知ることでした。それ以上に重要なことは、二宮ワカについてより深く知ることでした。ところが歴史的な経過、規則、事業目的、運営などについて記したものはなく、理事で横浜蓬莱町教会の牧師平田平三に、それを尋ねています。これに対して、平田はメモを作成して恒に説明しています。それが『白い峰』に引用されていますので、そのままここに記し、それらについて注記を加えます。最初は、相沢託児園、次が中村愛児園についてです。

相沢託児園の誕生《ママ》
第二警醒、貧児教育ノ目的ヲ以テ始メ、五銭ノ月謝、無月謝ノ者三分ノ二ヲ占ム。
丸山けい氏最初ノ教師、両角嬢・小沢とら氏等教師トナル。

大正十年廃止、経営ノ困難。
年に《ママ》壱千五百円位ノ補助、生徒三百人位。
三十七、八年、日露ノ役、何カ好キ仕事ヲ為サントノ横浜市内ノ婦人ニヨリ託児園ヲ始ム。バンペ《ママ》テン、二宮、リンスレー、領事夫人、内外人ノ寄附ニヨリテ第二警醒ノ隣ニ家ヲ建築。
世界大戦ト同時ニ外国人ハ寄附ヲ中廃ス、ワッソン当事者タリ、同嬢ハ困難ナルニヨリ手ヲ切ル、二宮夫人ハ独力寄附ヲ募リ歩キ維持ヲ為セリ。一口五十銭宛ノ帳簿ヲ作リテ経営ス、原氏ハ五十口、茂木氏五十口、平沼、左右田氏等モ五十口。

其後名前（原文にはかくあるも故生江孝之氏）前田氏社会事業ヲ調査ノ為メ検閲ニ来タル、其ヨリ内務省ヨリ補助金、宮内省ヨリ御下賜金ヲ賜ル。渡辺夫人ヨリ六十円今ニ続ク。（『白い峰』）

冒頭の第二警醒は、第二警醒小学校のことです。一九二一（大正一〇）年に同校は廃止。その前のことになりますが、日露戦争のときに、同校に隣接して相沢託児園がつくられたとしています。そして、寄附をした人たち、補助金が支給された経緯が記されています。

ここには記されていませんが、相沢託児園も中村愛児園同様関東大震災で全壊しています。

第二警醒小学校は、ヴァン・ペテンによって一八八九（明治二二）年につくられました。相沢託児園が設立されたのは、一九〇五年です。世界大戦とあるのは、第一次世界大戦のことです。

ヴァン・ペテンは、一八五四年アメリカ・イリノイ州の農場生まれ。海外での宣教活動を志していた夫と死別します。その遺志を継いで一八八一年に来日、東京築地の海岸学校（青山学院の前身）で教鞭を執ります。主に横浜で活動し、警醒学校や相沢託児園の創設に関わります。二宮ワカ、平田平三らと困窮者の多い中村地区を視察したのが契機となり横浜婦人慈善会を設立しました。一九一六年没。

中村愛児園ノ誕生

二十七年、八幡谷戸ニ聖経女学校校長バン《マ》ペテ《マ》ン女史ガ支那人宝永生ノ記念ノ為ニＳＳヲ始メントノ目的ヲ以テ創始トス、バン《マ》ペテ《マ》ンハ三百円ヲ以テ家ヲ買ヒ、貧児ニ授産、始メニハンケチヲ縫ハシム。

貯蓄ノ帳面ヲ作ラシムルニ字ヲ知ル者ナシ、ソコデ貧児ニ寺小屋《ママ》的ニ始ム（無籍）。

「警醒学校附属児童教育所」ト命名ス、（大正十三年中村愛児園と改名）。

生徒追々増殖セルニ付キ、ミス・ルイスト計リ外国人ノ寄附ヲ募リ二百坪ヲ買ヒ託児所ト児童教育所ノ両舎建築セリ。

大正十二年震災ニ逢ヒ、ミッションモ経営困難手ヲ切ル、ソコデ地所ダケハミッションヨリ借リ受ケ、県庁建築ヲ助ク。

今日ニ至ル。（同前）

一八九四年に学校へ行けない子どもたちに日曜学校を開き、ハンカチを縫わせ、文字や帳簿の付け方を教えたことを中村愛児園の起源としています。これが警醒学校附属児童教育所となった、ということのようです。「ＳＳ」はサンデースクールのことです。寄附を募り、託児所と児童教育所をそれぞれ建築、それが関東大震災で被災、後に中村愛児園と改称されたとあります。なお、二宮ワカに関する記録や平野恒が記した『白い峰』などは、中村愛児園の設立を一八九九年としています。

なお、平田平三は、一八六〇（万延元）年弘前藩（青森県）生まれ。上京して東京築地の「耕教学舎」に入学後、「横浜（美会）神学校」に転校、第一期生として入学、「東京英和学校」に合併された同校を卒業します（いずれも青山学院の前身）。メソジスト派の伝道師となり、横浜（横浜上原）教会牧師などを歴任、一九二九年には第三代青山学院理事長を務めています。

表－２　私立警醒小学校附属児童教育所／中村愛児園　1899-1949

1899（明治 32）年

12.-　二宮ワカ、久良岐郡中村（現横浜市南区）に私立警醒小学校附属児童教育所を設立

1918（大正 7）年

-.-　二宮ワカ、校舎を新築

1919（大正 8）年

-.-　託児部を開始（小学児童 50 名、幼児 30 名）

1923（大正 12）年

9.1　関東大震災により校舎が倒壊、その後バラックで事業を継続

1924（大正 13）年

2.-　校舎を修復、中村愛児園と改称し保育事業を開始

1931（昭和 6）年

4.1　平野恒、二宮ワカの後を受けて園長就任

1933（昭和 8）年

7.-　横浜市中区（現南区）に園舎新築（ウィリアム・メレル・ヴォーリズ設計）、乳児部開設

1937（昭和 12）年

11.-　園児のために給食開始

1942（昭和 17）年

6.8　戸田康英侍従のご差遣を賜る

11.-　厚生大臣賞を受賞

1943（昭和 18）年

5.14　皇后陛下のご名代として神奈川県下の社会福祉事業をご視察の秩父宮妃殿下に、中村愛児園の事業について神奈川県庁で言上

1944（昭和 19）年

10.-　皇后陛下よりご下賜金を賜る

1945（昭和 20）年

5.29　空襲により施設を焼失

1946（昭和 21）年

10.5　園舎を新築、保育再開（定員幼児 130 名）

1949（昭和 24）年

3.13　高松宮殿下ご視察

6.-　児童福祉法による保育所として認可（定員 100 名）

表－3　相沢託児園／高風保育園　変遷　1893-1949

1893（明治 26）年

-.-　ヴァン・ペテン女史、久良岐郡根岸村相沢（現横浜市磯子区）に貧民生活児童のために小学校をつくる。その後火災で焼失

1905（明治 38）年

2.-　二宮ワカ、同上地（現横浜市磯子区根岸町）に相沢託児園を設立

1906（明治 39）年

-.-　火災に遭うも、翌年復旧

1923（大正 12）年

9.1　関東大震災により倒壊、その後バラックで事業を継続

1924（大正 13）年

2.-　園舎を新築し再開

1928（昭和 3）年

10.25　復興建築完成

1931（昭和 6）年

4.1　平野恒、二宮ワカの後を受けて園長就任

1932（昭和 7）年

5.-　乳児部を増設

1937（昭和 12）年

11.-　園児のために給食開始

1943（昭和 18）年

5.14　皇后陛下のご名代として神奈川県下の社会福祉事業をご視察の秩父宮妃殿下に、相沢託児園の事業について、神奈川県庁で言上

1945（昭和 20）年

5.29　空襲により施設を焼失

1947（昭和 22）年

4.-　横浜市中区本牧の高風寮内に高風保育園を設置（相沢託児園を継承）保育開始（定員幼児 64 名）

1949（昭和 24）年

6.-　児童福祉法による保育所として認可（定員 45 名）

運営の開始

相沢託児園は、一九二三（大正一二）年の関東大震災で被災し、その翌年、二宮ワカが借地に木造家屋を建てたものです。一階に遊戯室、保育室、乳児室、事務室、使丁室（用務員室のこと）など、二階には六畳二間の保母室があり、「昭和六年としては、まず整った施設」でした。

とはいえ、昭和初期といえば、一九二九年の世界恐慌が日本にまで波及、昭和恐慌といわれる状態がつづきます。自殺者は急増し、農村部の不況が深刻化しました。では、この地域の環境や暮らしぶりはどうだったのでしょう。

通称「相沢」と呼ばれていた地域一帯は韓国人が多く、また港で働く人たちが住みついた密集地帯でした。六十軒が一番地でくくられている俗称いろは長屋や小さな家々が軒を接していたものです。

……そのころの保育料は一カ月一円でしたが、一日一銭、二銭を新闇紙におひねりにして持ってくる子ども、一銭も納められない子ども、あるいは親が酒を飲んだりバクチをしたりして、未納な子どもも少なくありませんでした。（『わが人生』）

一方、中村愛児園は震災後に建てた園舎がバラックのままで朽ちかけて、南京虫やノミの巣に悩まされ、風水害による崖崩れの危険がありました。この頃のことを恒は次のように語っています。

……この桐の机の前に坐ると、必ずかゆくなり、家に帰ると顔がはれたり、手がはれたりして、一晩中硼酸《ホウサン》で冷したこともありました。小さい南京虫がこの机の中に巣喰っていて、昼間でもはいだしてきて、まだ免疫になっていない私をさすのです。また、大谷さんの奥さんがお茶を出してくださると、そのお茶わんの中に、ノミがピョンピョン飛び込んでしまうこともありました。「どうしたらよいのですか」と聞きますと「先生、すぐ飲んでしまうのですよ」と教えてくれました。
(『白い峰』)

恒は、住み込みの職員や子どもたちのために、いち早く生活環境を整備する必要を感じ、園舎の新築を急ぎます。当時の所有基本金が六千円、県市の助成金、民間の寄附金を合わせても新築の費用は賄えません。そこで、先ず新園長はあちこち駆け回り、寄附を募ります。そして、少し離れた中区八幡町(現南区)の高台に土地を確保、そこに園舎を新築することにします。設計はアメリカ人のウィリアム・メレル・ヴォーリズでした。

相沢託児園　右端に恒

ヴォーリズは、英語教師として来日、日本各地で西洋建築の設計を

1933年、ヴォーリズ設計により新築した
中村愛児園の遊戯室

多く手がけた建築家であり、メンソレータム（現メンターム）を広く日本に普及させた実業家としても知られていました。恒は、ヴォーリズには城戸順子を介して設計を依頼しています。城戸は、恒が中村愛児園、相沢託児園を二宮ワカから引き継いだときの理事のひとりで、共立女子神学校（一九〇七年偕成伝道女学校を改称）の教師でした。同じ学園の共立女学校が一九三一（昭和六）年に横浜山手の住宅地にヴォーリズの設計による木造の新校舎を建てています。おそらく恒は、その校舎をひと目見て気に入り、城戸に頼んだのではないでしょうか。

　新しい園舎は、地下室のあるスマートな二階建てで、晴れた日には富士山が一望でき、子どもたちを喜ばせました。一九三三年五月、定礎式の折、平野恒は「救主キリスト・イエスこそこの園の永久に変らない礎《いしずえ》であるとの堅い誓をたて……地の塩となり、よき成長を祈」ります。そして、同年九月に落成、園児が新園舎に移ります。このとき、同時に乳児部を開設しました。

朝露のような私の生命、しかし幼児のために生きるという強い使命感にひかれて、いまようやくこの第一の仕事を成就しとげたことは、神と人への最大な感謝であります。(『白い峰』)

この心情は信仰心の表れであるとともに、「第一の仕事」を成就したということばからは、二宮ワカから引き継いだ仕事に対する責任感と感謝、さらには将来の事業に対する決意が読みとれます。これにつづけて、次のようにも述べています。

私の働きの一つのモットーは「面倒をいとわず」ということでした。これを深く心の中にたたんで、馴れない事務にも、人との応接にも、身上相談にも当たるように努めました。（同前）

新園長として出発してまだ二年、園舎の新築が無事済んだものの、ひとつひとつの仕事に確信がもてるほどには自らの成長が実感できない、それでも与えられた職務、地位にふさわしい姿を求めて歩んでいかなければならない、この一見当たり前のことばからは、そうした必死さが伝わってくるようです。

この後以下のように、近隣の状況に応じ諸事業を実施していきます。

地域のなかの保育

この頃の中村愛児園、相沢託児園の保育料は一か月一円でした。当時は昭和恐慌の最中、一日一銭の保育料さえ払えない家庭が少なくありませんでした。子どもたちの身なりひとつをとっても、和服に帯なし、履物のない子、真冬に足袋なし、しもやけ、ひびを切らし震える子などで園内はあふれていました。

平野園長と主任保母で、両園の子どもの家庭約二〇〇軒を家庭訪問します。すると母親が内職をして家計を支えていますが、毎年一、二月は生計が苦しい時期であることがわかります。そこでその時期には毎週一回、子どもの多い家、病人や老人がいる家、五〇、六〇軒に目刺しや味噌、醤油などを配ります。また、生活の扶助を受けている家の子どもが、学校で出された給食を自分は食べず、弟や妹に食べさせるために持ち帰る話を聞いては、子どもたちに栄養補給をするなどの注意を払い、子どもたちが偏食をしないよう、保母たちと弁当の内容を調べたりもしています。家族と話し合い、一か月六〇銭で昼に副食を出すことにします。

一九三七（昭和一二）年中村愛児園、相沢託児園で園児のための給食を開始します。全国でも稀なことでした。
青山学院神学部を卒業し、二つの児童福祉施設を運営する恒のもとへ、女子部の学生が伝道旅行に訪れています。いまなら研修旅行といったところでしょうか。一九三七年一〇月、ドレーパーに引率されて神奈川方面を回ったとの記録が残されています。学生たちは相沢託児園と中村愛児園を二手に分かれて訪問しています。

貧しい日雇の家庭の子供達、或は家庭の忙殺の為に顧みられない幼い子供達も此処へ来ては一人一人が一つの魂をもてる無限の価値を有す子供として主の祝福の中に尊重され保護され指導されて居ります、保母方の基督教的愛の中にのび〳〵と生長してゐる子供の姿にすつかり私達の心も溶かされ、物珍しさうに寄つて来て見上げてゐる無心の幼子の頭を一つ一つなでたい様な思ひがこみ上げて来るのでした。（元吉咲枝「伝道旅行　第三日目」『青山学院神学部女子校友会

会報』一四号　一九三七・一二）

　また、学生たちは、そのときの印象について「指導にあたつてゐられる三人の若き姉妹の健康そうな明るい面と優しい愛の態度とが何時までも消えませんでした」と語り、準備した「絵ばなし」や歌を歌ったり、人形芝居を演じたりして、「子供達に歓迎され、私達の小さな働きにより大きな喜悦を与へられた」（同前）ことを報告しています。

　困難な社会状況に直面し、必ずしも十分に整備されているとはいえない環境のなかでも、子どもたちの生活が保障されていることが伝わってきます。

二　母子福祉施設を開く

昭和の初めとしては、まずは整った施設の相沢託児園があり、これに加えて、中村愛児園の園舎が新築され、いよいよ児童福祉事業の経営基盤が整ったかに見えます。しかし、子どもたちをとりまく社会状況、生活環境は一向に改善の兆しが見えませんでした。

母子への支援策

一九二九（昭和四）年四月、貧困のために生活できない人びとへの支援策である救護法が公布されますが、生活に困窮している母子を救済するまでには至りませんでした。幼い子どもを道連れにする母子心中が多発するなか、母子の救済を喚起するための運動が起こります。その頃のことを恒は次のように記しています。

ちょうどそのころ、東京で市川房枝、奥むめを、山田わか、山高しげりさんらと私は、母子保護法制定促進運動の委員をしていました。（『わが人生』）

当初この運動をリードしたのが婦選団体でした。一九三四年九月に、準備委員会を経て、母性保護法制定促進婦人連盟がつくられます。連盟は、母子心中対策を中心とした母性保護に関する法案化を進めるなか、乳幼児、児童の養育の重要性を強調、その具体的な事業方針に母子ホームの建設とその助成などを掲げます。翌一九三五年二月には第一回の全国代表者会議が開かれ、運動の方向性が明確になります。四月、第一回全国委員会に個人会員から新全国委員六名が選出されます。そのメンバーの石本静枝、村岡花子、奥むめをらのなかに平野恒の名が見えます。

母子への支援のひとつに母子ホーム建設があげられていますが、施設運営に関するノウハウをもっている団体や組織は限られていました。婦人ホームの寮長の経験があり、実際に児童福祉施設を運営している恒にとって、母子ホーム建設の社会的な要請に応えこの事業を計画するのは、ごく自然の発想だったと思われます。

そうした世の中の動きとは別に、自らの保育のなかから浮上してきた課題とどう向き合うか、恒は模索していました。一九三三年七月に中村愛児園ができると、保育内容は一段と充実し、職員一同の熱意が高まります。落ち着いて子どもを観察している間に気づいたことがありました。当時、春と秋になると子どもたちはやり目（春季結膜炎）にかかります。ところが、夫をなくした妻は家族のために仕事を休むわけにはいきません。感染症にかかっても愛児園に子どもを預け、仕事に出ます。すると、たちまち他の子どもに伝染します。こうしたことが度重なります。ある子どもは、母の帰宅が遅いため、愛児園の保育が終わると、結核で寝ている近所の人の世話になっていることがわかります。また、別れた夫の暴力に毎晩のように脅かされる母親が少なくないことを知ります。この母親たちの苦しみを救い、子どもたちの幸せを実現するためには、子どもとともに母親への支援が必要だと痛感するようになります。母子寮の開設は、ひとつの解決策でした。

一九三五年八月、平野恒は、神奈川県ではじめて私立の母子寮である春光園母子寮を開設しました。一九三六年一二月、母子保護法が制定されますが、その一年前のことです。「いつまでも春のようになごやかな光が、悩みをもつ母子たちを照らし慰め、はぐくむように」との願いから春光園と命名します。

中村愛児園を新築したばかりです。資金が潤沢にあるわけではありません。恒は、困っている母子たちのため、またまた、資金調達に駆け回ります。官公庁の助成金のほか、各種団体からの寄附によって土地を購入し、建築費や設備費、事業費などに充てました。

春光園母子寮の運営

母子寮では、次のような規則を定めています。

　春光園母子寮規則

　一、目的

仕事ノナイ母ニ職ヲ与エ終日労働ニ従事スルソノ母ト子ガ安心シテ楽シイ生活ノ出来ル住居ヲ与へ《ママ》マス。将来アル彼等ノ児童ニ対シテ淋シイ家庭的欠陥ヲ補イソノ幼イ時カラ良イ習慣ヲ養ッテ母子共ニキリスト教ニヨル生活ノ訓練ヲイタシマス

　一、処遇方法

　（イ）母ノ為

派出婦、手技、洗濯仕立物、工場勤務ソノ他ノ職ヲ与エ、各自ノ人格、精神ノ向上ニ努メマス、又日々ノ集団生活ヲ意義アルヤ《ママ》ウニ講習会、慰安、親睦会等ヲ開キマス

（ロ）学令児ノ為
付近ノ小学校ト連絡シテ之ニ通学サセル、帰宅後オヤツヲ与エマス
図書室兼勉強室デ一日ノ復習ヲサセマス
或イハ読書ソノ他ノ興味ヲヨリヨク指導シマス
毎土曜日午後愛児園ニヒラカレル土曜学校ニ参加サセマス
（ハ）乳幼児ノ為
愛児園デ保育シマス
（ニ）部屋代
一ヶ月金弐円〜参円、水道、瓦斯、電燈、風呂代一切ヲ含ミマス
（ホ）指導者
母子ノ指導者トシテハ先ヅ人格者デ学識、経験モアリ、社会事業ニ特別ノ興味ヲモツ献身的婦人ヲ選ビマス（『白い峰』）

このように、春光園母子寮では、困窮する母親たちには派出婦、手技、

地域の母親との懇談会　中央に恒

洗濯、仕立物、工場勤務などの仕事を斡旋するだけでなく、講習会、親睦会などを開き、教育的な配慮も行っています。学齢児は小学校へ通学させ、おやつを与え、図書室兼勉強室で復習をさせ、土曜日の午後には中村愛児園で開かれる土曜学校に参加させています。また、乳幼児は中村愛児園で保育します。部屋代は一か月二、三円でした。

具体的に母親や子どもたちの生活内容を明記して、物的にも精神的にも安定した生活を保障しています。それは二つの保育施設があったからでしょう。また、指導者を厳格に規定していることから、指導、保育に携わる者に対する彼女の姿勢がうかがえます。

その頃母子寮は横浜市神奈川区子安に公立の施設が一つありましたが、乳飲み子をかかえた母子は入れません。県内には私立はこの春光園母子寮が最初で、ほかにありませんでした。そのためたちまち満員になりました。中村愛児園の入園児とその周囲の必要な母子は優先的に入寮できたようです。

入寮した母親の生活費は、軍人遺族扶助費や救護法による扶助料が充てられます。これに内職の賃金を加えても生活は苦しく、寮費を払えないどころか、明日の米さえ買えない母親もいました。米代を立て替え、農林省の払い下げの古米で何とか生活をしのいでいた、というのが実態でした。

三　保育者養成の創生

戦争が激化するにしたがって、出征、あるいは戦場で父を失うなどにより留守家族となった子どもの数が次第に増加します。物資の欠乏が常態化することにより虚弱児が急増しました。また、戦争未亡人が増え、国をあげて銃後の守りが取り組まれるようになります。

横浜母性学園の設立

一九四〇（昭和一五）年一二月、平野恒は横浜母性学園を設立します。日中戦争により遺家族となった、若い母親たちに対する生活指導、身上相談、修養講座、時事問題の講義などをとおして、母性の自覚向上をはかることを目的としていました。

母性学園は、銃後活動の一環として戦争被害者である母子の養護を主たる業務としていますので、いわば国策に沿った時局向けの宣伝塔の役割も期待されていました。恒が、こうした施設をつくることなど「全く夢にも考えなかった」と言っていますが、単に母子に対する保護・援助だけではなく、徐々に戦争の巨大な渦のなかに巻き込まれていく戸惑いのようなものを感じていたからでしょう。

学園新築のための「収支精算書」の処遇の項には次のように記されています。

一　母性の生活指導　各科毎回十銭　但、ピアノ料　月二円
二　保母養成生徒、月謝五円、実習費五円、寄宿舎の設備あり　一カ月　食費十八円　舎費二円
（『白い峰』）

このとおり、母性学園の設立趣旨に則って事業を進めることになりますが、同時にそこに保母養成の目的が加えられています。

かねてから保母養成の計画があったのですが、神奈川県から認可が得

られなかったことから、やむを得ず母性学園のなかに、保母養成機関を併設するとの苦肉の策を講じます。その結果、神奈川県託児所保母養成所の設置が認められます。県が横浜母性学園（平野恒園長）に保母養成を委託する形をとり、軍人援護会神奈川支部と神奈川県社会事業協会が共同で志願者の募集に当たりました。

神奈川県託児所保母養成所の募集要項は次のとおりです。

趣旨　軍人、軍属ノ遺族、家族及ビ一般婦人ヨリ託児所保母ニ適スル素質ト熱意トヲ有スル者ニ対シ必要ナル教育ヲ授ケ託児所保母トシテ将来自活ノ途ヲ得シムルト共ニ県下児童保育事業ノ充実ヲ期セントス（白峰学園保育センター編『保育の社会史　神奈川近代の記録』筑摩書房　一九八七）

具体的な内容は次のとおりです。以下に要約します。

定員　三〇人
修養年限　一年
入所資格　高女卒またはこれと同等以上の学力のありと認定された者。場合により特別試験を行って資格を認めることがある。
授業料　無料
宿泊料・食費　一人一か月約一八円だが全額補助、寝具は持参。
実習費　一人一か月約一〇円。ただし全額補助や減免ありうる。
寄宿舎　入所者は横浜母性学園内寄宿舎に入る。自宅通勤もありうる。子女のある人は春光園母子寮（平野恒子寮長）に宿泊できる。
学科目　当時はまだ保育所保母養成の学科目は規定がなく、神奈川県は国の幼稚園保母養成の課程に準じて扱った。（　）内は週の時間数。
修身（一）教育（三）心理（一）保育（二）音楽（四）遊戯（四）図画（二）手工（二）観察談話（一）社会事業（二）生理衛生（一）社会衛生（一）栄養学（一）理科（一）国語（一）児童保護（一）裁縫（一）

実習（一〇）見学（隔週二回）　時局問題、習字、生花（各一か月一回）

栄養学実習（同前）

入所式は一九四〇年一二月六日に行われました。すぐに授業が開始されますが、正式には翌年横浜保母学院の認可を得て発足することになります。

横浜保母学院のスタート

平野恒が、中村愛児園、相沢託児園の園長となったのは一九三一（昭和六）年です。それから一〇年を経ても、児童施設で働く女性が専門性を問われることはありませんでした。保育所保母の採用にもそれがはっきり現れていました。保育所は幼稚園よりも勤務時間が長く、しかも一年中、時節にかかわりなく入所してくる幼い子の保育をしなければなりません。保育所で働こうとする学生は子どもが好き、幼稚園とは違うが

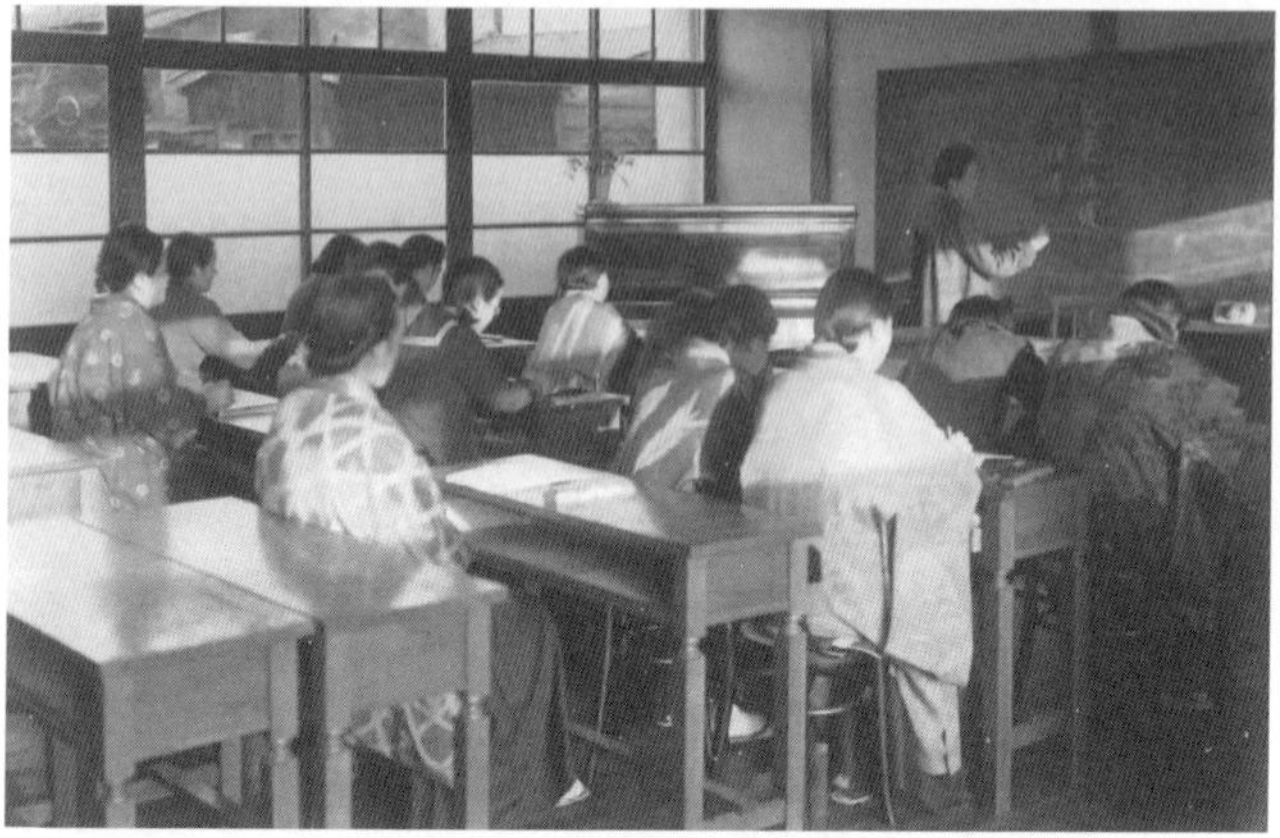
保母養成をはじめた横浜保母学院、第１期生の授業風景

子どものためになるなら、と思って就職しますが、なかなかつづけて働く者がいませんでした。

そこで平野恒は、教養があり、専門的な知識や技術に優れた保育所保母の教育施設を開設したいと、神奈川県や助成団体に応援・協力を求めます。しかし、担当者からは、保母の養成校をつくってもどのくらいの志願者があるのか、卒業しても就職できるところがあるのか、など懸念する声ばかりで、一向に前向きな姿勢がうかがえません。そこで、恒は、彼らに対し、志願者もあり、就職もできる、この事業は将来必要性を増す、と何とか神奈川県を説得し、横浜保母学院の設置申請にこぎ着けます。一九四一（昭和一六）年二月のことです。

日本がすでに戦争状態にあるなか、母性学園に保母養成のための施設を開設しましたが、保母として彼女たちを世に送り出すためには、どうしても県の正式な認可が必要だと考えたからです。六月に認可が下り、恒が院長に就任しました。

当時、幼稚園保母（教諭）は旧制中学卒業後一年の修業で資格が取得できました。保育所保母については正式な課程が決定されていませんでした。そこで神奈川県は保育所保母の認可も幼稚園保母養成にならうこととし、両資格が取得できることになりました。保育所の保母養成校は神奈川県として初めてのものでした。

ゼロからの出発です。先ず、土地、建築資金、さらに教授陣の確保に平野恒は奔走します。土地は横浜市中区中村町（現南区）に借地を確保、建築資金集めは、保母学院の母体である横浜母性学園の名で社会事業団

横浜保母学院、第１期生卒業記念写真

体など各方面に寄附をお願いしています。そのほかに、当時あった町内の隣組をはじめとして軍人援護会神奈川県支部などからも寄附を得、土地の賃借料、建築費、備品の購入などに充てました。

しかし規定の科目を修了しても学院の卒業証書が得られるだけで、すぐに保母の資格が与えられるわけではありませんでした。学院長の推薦の書類や申請書を神奈川県学務部へ提出し、学務部の試験委員による試験に合格してはじめて幼稚園保母免許状が与えられました。

初年度の入学生は一二名、そのほとんどが軍人・軍属の家族もしくは遺族で、年齢も一八歳から三〇歳以上とさまざまでした。遠隔地からの入学者は寄宿生として学園内に生活し、母子家庭の母親は、近くの春光園母子寮から通学しました。午前中は、中村愛児園・相沢託児園、あるいは近隣の幼稚園で実習し、午後からは学園で授業が行われました。戦時下の不自由な教育環境のなか、一二名全員が一年の課程を終え、県下の託児所の保母として就職しました。

その後、戦争が激化するにしたがって、戦時託児所が増設され保母の需要が増し、学生数は、一九四三年度には二五名、一九四四年度には四三名と急増します。しかし、翌一九四五年五月二九日の横浜大空襲で校舎は全焼、休校のやむなきに至ります。

四　敗戦まで

平野恒は、中村愛児園、相沢託児園の二園、春光母子寮に加えて、一九四一（昭和一六）年念願の保母養成事業に着手します。戦時体制下に銃後活動に組み込まれ認可された事業でしたが、授業風景や卒業生の記念写真からは、軍靴の足音は聞こえてきません。おそらくは制約された条件のなかで、できるかぎりの教育がなされていたのでしょう。

しかし、やがて戦争は拡大し、横浜は大空襲により大きな被害を受けます。平野恒は、戦火をくぐり抜け、母親や子どもたちの疎開先へと向かいます。そこで敗戦のときを知ることになります。

戦前の活動

一九四一（昭和一六）年六月、横浜保母学院が正式にスタートした後、敗戦に至るまでは、戦時体制のなかで諸活動を維持しなければならなかったはずですから、財政的にも、運営面でも相当の困難さを伴っていたのではないかと思われます。この頃について、恒は、次のように述べています。

戦時下の社会事業はどこも四苦八苦のありさまでしたが、私にとって、あのころは真剣そのもの、ことに皇室からの度重なる激励、ご視察を忝《かたじけな》うしたことは感激の極みでした。（『わが人生』）

ところで、この時期には皇室からのご下賜、視察などが集中しています。これらを中心に箇条書きにしてみます。

一九四二（昭和一七）年
六月、中村愛児園、春光園母子寮に戸田康英侍従のご差遣を賜る
八月、天皇、皇后両陛下から練乳が下賜される

一〇月、中央社会事業協会長から表彰を受ける
一一月、中村愛児園が厚生大臣賞を受賞
一九四三（昭和一八）年
五月、平野恒、皇后陛下のご名代として神奈川県下の社会福祉事業をご視察の秩父宮妃殿下に、県庁において白峰会全般にわたる事業について言上
一九四四（昭和一九）年
一〇月、皇后陛下から中村愛児園にご下賜金を賜る

あまりの忙しさにわれをも忘れて日常生活を送っていたのかもしれません。別の見方をすれば、それぞれの事業について、とりわけ施設・設備面では一定程度整備されていますので、決して恵まれているとはいえないまでも安定的な時期でもあったのではないでしょうか。

しかし、都会で生活する人びとにも次第に戦火が迫ってきます。

戦時中のこと

一九四五（昭和二〇）年三月、子どもたちを守るため、万が一に備えて、平野恒は神奈川県中郡成瀬村（現伊勢原市）に、相沢託児園、中村愛児園の園児たち三〇名を疎開させました。日々の生活と保育に必要な荷物を荷車三台で運んでいます。そして、祈りつづけます。

神よ、人の手によって作られたものは致仕方ありません。しかし子どもやおとな、人間の生命を守って下さい。（『わが人生』）

五月二九日午前八時、恒は、疎開の準備のために県庁に出かけます。突然、「全身をえぐるような警報」に襲われると、またたく間に「日本大通は一面の火の海」。そのなかを彷徨い歩き、施設をめざします。中村愛児園、春光園母子寮に着いたのは夕暮れどき。全施設を焼失しまし

相沢託児園にて園児たちと　中央に恒

たが、各施設の人びとはひとりのけが人もなく、全員無事を確認します。

翌三〇日、難を逃れた春光園母子寮の母子など四〇数名については、ちょうどこの日、成瀬村から県庁へ来たトラックがありましたので、その帰り車に乗せてもらうよう頼み、村へ疎開させました。この一行は、同村の妙泉寺で生活をはじめます。

しかし、その後戦況は悪化、生活の不安は増すばかり。県は、横浜市、川崎市の疎開先に長野県神坂村《みさか》（現岐阜県中津川市）にも土地・建物を確保することを検討していました。そこで、恒は、母親たちと子どもたちの疎開を決め、七月一三日、新宿から時に機銃掃射を浴びながら、木曽谷へと向かいました。彼女たちは、島崎藤村の郷里神坂村の湯舟沢公会堂を仮の栖《すみか》として生活をはじめます。

この間、平野恒は成瀬村、神坂村、横浜を往き来していましたが、苦しいことばかりではなかったようです。成瀬村での疎開生活を「青々園」と名づけています。都会を離れ、自然のなかで保育をする機会を得た気持ちを言い表しているように思われます。

疎開生活を送るなかで

平野恒は、戦前に築いた諸事業にかかる施設・設備のすべてを戦争によって失いました。その一方で彼女の周りには職員や子どもたちが残っていました。それが彼女の生きる力となり、財産となりました。これまでの仕事を辿ると、彼女は一見恵まれた境遇にあったかに見えます。それというのも幾度かの転機はあったものの、事業の存亡の危機といったことには直面してこなかったからです。その彼女が疎開先でおそらくは人生初の挫折感にとらわれます。

一九四五（昭和二〇）年八月一五日、恒は神坂村の湯舟沢の公会堂で敗戦の報を知ります。それからの半月ほど、同地に足止めされ、九月五日に疎開地を後にします。


「喜ぶものと共に喜び、泣くものと共に泣きなさい」（ローマ人への手紙　第一二章一五節）

このような聖句の下、一九三五（昭和一〇）年母子寮開設以来、母子たちとともにこの互助の精神をもって疎開地でも朝晩に祈り、励まし、慰め合い、ひとつ屋根の下で不自由ながら明るく過ごしてきました。少なくとも恒はそう信じていました。

ところが、終戦になるや、出征先から夫が戻ったとたん、他の母子の

疎開地再訪　お世話になった関泉寺の住職らとともに

ことなど省みずわれ先にと帰りを急いだり、別れの挨拶もなく、こっそり姿を消す者が現れます。国民の全てが敗戦のショックで自分の体内に積もり積もった欲望を制することもできずに、分別を失った時期だったと恒はふり返ります。

一部のひとたちだけだったのでしょうが、自分勝手な変わりようについて、彼女は「人面獣心」ということばを選んで表現しています。そのショックの大きさがどれほどかが想像できます。恒は考えました。「昭和六年以来続けてきた私の母子福祉事業とは一体どんな意義があったのだろう」と。「このことは横浜空襲で全施設を失ったこと以上の衝撃」だったとも述懐しています。そして、とうとう「夢中で打ち込んだ生涯の清算をして退却しようかと考え始め」、ついには「この仕事は再びしたくない」と心ひそかに思いを固めていきます。

九月五日、平野恒は、責任者を置き、疎開先の長野を後にします。このあとも、神坂村では一一月中旬まで、神奈川の青々園は翌年の三月まで、引きつづき母子たちの疎開生活がつづいていました。

第三章　戦後の再生と児童福祉

平野恒の戦後の初仕事は、中村愛児園の再開のための準備でした。ところが戦災ですべてを失っていますので、その仕事といってもほとんどが資金繰りのための交渉や物資の調達などでした。ですから実質的な仕事の再開は、一九四五（昭和二〇）年一一月に社会事業に従事する人たちが引揚者のために組織した横浜の金沢郷で、母子の収容保護に関わったことでした。

一九四六年三月七日には戦災や引揚げなどで生活に困窮する母子や孤児、浮浪児などのために高風寮《こうふう》を設立し、彼らを収容保護、一〇月には中村愛児園を新築、保育を再開させます。以降も矢継ぎ早に事業を展開します。その一方で、平野恒は、戦後間もない一九四六年、神奈川県社会教育委員会中央委員、神奈川県民生委員、横浜家庭裁判所調停委員などに就任します。また、一九四八年には、神奈川県、第一回公選教育委員に立候補し、当選しています。同年には、神奈川県と横浜市の児童福祉審議会委員にも就任し、幅広い社会活動を展開します。平野恒が再起して、最もエネルギッシュに仕事をこなしていった時期です。そして、一九五〇年代に、彼女は世界の児童福祉事業を知る機会を得ます。

一　混乱期を生きる

この数年は平野恒にとっては、一生の仕事を凝縮させたような時期でした。とはいえ、本人にはそのような意識はさほどなかったのかも知れません。彼女が戦後すぐに着手した事業は、混乱期に発生した困難な状況を乗り切るための、やむにやまれぬ思いによって手がけたものでした。

再起

横浜へ戻ってきて、恒は成瀬村の関泉寺と妙泉寺に分かれて疎開していた人たちと再会を果たします。他へ移る人たち、残る人たち、人それぞれにさまざまな事情を抱えていることは十分に承知の上なのですが、やはりここでも割り切れぬ思いを抱きます。

一九四五（昭和二〇）年九月五日、疎開先の長野から横浜に戻っても、平野恒は再起の意欲を失ったままでした。恒を迎えた知人のひとりは、「平野先生は急に白髪になったのか、今まで染めていたのか、余り気の毒であいさつも出来なかった」といい、周囲の母親たちも同じようなことをもらしています。

敗戦のショックと重なるように、人と人との関わりのむずかしさを味わうことからくる虚脱感にとらわれていた恒が手にしたのは、宮内省からの一通の手紙でした。

拝啓　今般貴事業ヲ通シテ戦後ニ於ケル厚生事業ノ動向ニ付テ御腹蔵ナキ御意見ヲ拝聴シ、今後宮内省ニ於ケル本事業奨励ノ資トモ致シ度、御多忙中甚ダ恐縮ニ存ジ候ヘドモ万障御繰合ノ上、来ル九月二十九日午後一時半迄ニ当省総務局マデ御来臨相煩シ度得貴意候

追テ当日左記ノ方々ヘ御案内申上置候間御含被下度候

敬具

九月十日

宮内次官　大金益次郎

平野恒子殿

（『白い峰』）

宮内省から呼ばれた恒は、藤田尚徳侍従長に社会福祉事業の現状について聞かれ、意見を具申します。このことが再び「子どものために」と彼女を奮い立たせます。

ここでひとつ考えておきたいことがあります。一九四二年一一月に、中村愛児園が厚生大臣賞を受賞していることはすでにふれました。なぜ、宮内省だったのでしょう。別の言い方をするなら、なぜ福祉事業を所管する厚生省ではなかったのか。これは一概にいえませんが、戦前において、平野恒が実施した保育事業に関し、皇室からたびたび激励、報償を贈られるなどの支援がなされています。戦時下の国策に沿った事業であったことも考慮されていたとは思われます。しかし、それ以上に社会福祉事業の制度が未整備で、国や行政が国費を支出できる状況にないなか、民間の篤志家による施設、運営に頼らざるを得ず、彼らに対し皇室による政治的な配慮が働いたということだと考えてよいと思われます。

荒廃した焦土が広がり、物資も人手も不足するなか、とりわけ戦前以上に困難な状況に直面した国情を鑑み、国が頼りにしたのは、時間と整備のための諸条件を要する制度や施策ではなく、すぐれた資質と経験と思想を有する民間人でした。宮内省からの一通の手紙にはそうした背景と意味がありました。

平野恒にとって、皇室からの激励は何ものにも代えがたいものでした。自分を超えた何者かに動かされていると感じられたのかも知れません。そうした見えない力に後押しされるように、彼女は間髪を入れず行動に打って出ます。

同年一〇月二日、平野恒は、単身伊勢佐木町の野沢屋にある米軍々政部を訪れます。占領下での社会事業の進展のため、キャプテンのマッカーラーに面談を申し入れます。彼は誰の紹介もなく訪ねた恒の話を聞くや彼女をジープに乗せ、疎開先に向かいます。成瀬村（現伊勢原市）の関泉寺の状態を視察、翌日には早速県庁を訪問し、事業復興のための推薦状を提出します。推薦状に添えられた一文の訳文は次のとおりです。


上記救済事業の詳細は日本における確実な救済事業の基礎的背景を得るために記録された。これは恐らく、こんご社会事業界の一典型として必要であろう。(『白い峰』)

再スタートのための環境は整いつつありました。ところが平野恒には、その前にやらなければならないことがありました。

金沢郷にて

横浜から京浜急行の特急と普通を乗り継いで四〇分弱、三浦半島を南下したところが、終点の浦賀です。そこからバスに乗って少し歩くと愛宕山公園に出ます。そこには勝海舟、福澤諭吉らが咸臨丸でアメリカをめざした記念碑が建ち、ここからは浦賀港が一望できます。

一九四五(昭和二〇)年一〇月七日、この港に引揚者を乗せた第一船の氷川丸が着きます。一九四六年末までに全国で五〇〇万人を超える引揚げがあり、そのなかの多くの人びとは混雑する列車を乗り継ぎ故郷をめざしました。そのなかには孤児、身寄りのない老人、故郷の沖縄へ帰ることができない無縁故者、重症患者、栄養失調などにより身動きがとれない人も少なくありませんでした。これらの人びとに対する一時的な保護施設の必要性が課題として急浮上します。目の前の混乱を切り抜けるため、生活困窮者緊急生活援護要綱が出され、ここに引揚援護がはじまります。

これら引揚者で生活に困窮する者に対し生活の再建をはかるため、横浜市、横須賀市、逗子市、鎌倉市、藤沢市などの一〇数か所に共同住宅が供給されます。横浜市の金沢には旧海軍の宿舎が浜辺一帯に展開していましたので、ここに共同住宅を開設、金沢郷と名づけられました。この施設の運営に、県下社会事業家の有志一一団体が集結し、救済に立ち向かいます。このときに自らの生活や事業の再建を後回しにして、この事業に加わったひとりに平野恒がいました。

金沢郷の概要は次のとおりです。

横浜市磯子区町屋町二一五番地（現金沢区）平潟町二一番地の元海軍第一航空技術廠行員宿舎町屋寮一七棟一一、八五二坪、海の家寮六棟六、九八〇坪の建物を大蔵省より借り受け共同住宅神奈川県綜合社会事業金沢郷と称す（『恩賜財団同胞援護会会史』同胞援護会会史編纂委員会　一九六〇）

浦賀には、五六万人の引揚者が上陸しました。寒空に食料も衣服も、住むところもなく、日本人でありながら日本語の通じない人も多く含まれていました。金沢郷は、診療所、授産所、母子寮、保育所、そして共同浴場、共同食堂などの専門別に一四寮に分かれて業務を分担することとなります。

一寮　民衆館　二寮　総持寺社会事業部　三寮　宝安寺社会事業部
四寮　乳児保護協会　五寮　鎌倉保育園　六寮　三春園《ママ》［会］　七

寮　立正扶容《ママ》［蓉］会　八寮　春光園母子寮（白峰会）　九寮、一〇寮　社会館（新興クラブ）　一一寮　掖《ママ》［救］済会　一二寮、一三寮、一四寮　幼年保護協会　風呂場　中村愛児園（白峰会）（『白い峰』）

平野恒は、引揚げ母子のために春光園母子寮の設備、職員などを充て、母親が働くために風呂場を改築して保育所を開設、中村愛児園の分園にしています。この間、皇后は、戸田康英侍従をしばしば金沢郷へ遣わされ、自らつくった乳児のうぶ着を届けさせるなどされています。一九四六年二月、恒は、皇后から呼ばれ、引揚者の状況について報告しています。四月には皇后が金沢郷を視察します。恒は忘れがたい思い出として、この日を三月七日と記憶していましたが、『読売新聞』などによると四月七日のようです。

同年一一月、金沢郷の事業は同胞援護会に引き継がれることとなり、職員一同金沢郷を後にします。この事業は翌々年一九四七年四月までつづけられました。

中村愛児園、再び

一九四五（昭和二〇）年一〇月二日に、平野恒が、米軍々政部を訪れ、キャプテンのマッカーラーのジープで疎開先の成瀬村を視察、占領軍からのお墨付きを得た経緯については先にふれたとおりです。

この目的は中村愛児園、相沢託児園の園児たちが、関泉寺と妙泉寺に分かれて生活している、その保育生活の現場を見せることでした。その際に子どもたちの生活を再建するための制度も資金もなく、戦争によってさらに悪化の一途を辿っているとの窮状を訴え、それが聞き入れられ、即、推薦状となって反映された、といってよいでしょう。しかし、それだけでしょうか。

成瀬村までの往復は、当時の交通事情からすればたっぷり二時間を要します。その上マッカーラーは、途中、横田基地に寄っています。わざわざ引っぱり出した米兵に、平野恒が沈黙を押し通したとは考えられません。もともと中村、相沢の両園は、アメリカの宣教師たちにより、キリスト教の趣旨に則ってつくられた保護施設であったこと、関東大震災に遭い全壊した後に再興され、それを恒が引き継いだこと、それをアメリカ軍の空襲によって壊滅させられたこと、その最大の被害者は子どもたちであること、そうしたことを話さなかったでしょうか。

敗戦直後の混乱のなか、再起を決意した恒は、真っ先に中村愛児園の建築を決めます。恒にとって、中村愛児園は前半生を打ち込んだ事業の母体です。多くの人からも再建が望まれていました。

相沢託児園と横浜保母学院の借地は地主に返してしまいましたから、残っているのは中村愛児園と春光園母子寮の土地だけです。施設には保険をかけていましたが、それだけでは再建の資金としては十分ではありませんでした。皇室からのご下賜金、県からの復興資金貸付と民間助成団体からの助成金、地域の住民、知人の厚意による寄附、それに自己資

焼け跡に再建された中村愛児園と子どもたち

金を加え、再建のための環境を驚くほどの速さで具体化します。
　敗戦直後の混乱期のわずか三か月くらいの間に、彼女は、金沢郷で母子寮、保育所を整備、これとは別に養護施設開設のための準備も進めています。いくつもの仕事を抱えながら、中村愛児園再建のプランが決まったのは、一九四五年の秋から冬にかかる辺りかと思われます。焼け跡に立ったとき、突如として聖句が浮かんできます。

見よ、わたしはすべてのものを

新たにする（ヨハネ黙示録　第二一章五節）

一二年前に多くの人の支援によって建てられた中村愛児園は、戦災に遭いすべてを失います。殺伐とした風景のなかにひとり佇み、ついこの間まで喪失感にうち沈んでいた気持ちの底に再生への光が差し込んでくるのを感じた瞬間のように思われます。

年を越えて一九四六年一月、建築のための木材が焼け跡に運ばれます。そして、一〇月五日、中村愛児園が新築、落成式を迎え、その翌日からは保育を再開します。バラックが密集した地域にまるでお城のような真新しい園舎が再建されました。

一九四九年三月、高松宮殿下が横浜保母学院とともに中村愛児園をご視察。同年六月、中村愛児園は、児童福祉法により保育所として認可されます。

高風寮の設立

戦争が終わり、長野県西筑摩郡神坂村から横浜に戻ったときに、平野恒はもうひとつの風景を見ています。これまでなじみ親しんだ本町の大通りは廃墟と化し、焼け残ったビルは接収され、そこには米軍が進駐して、軒や屋上には星条旗が翻っている。荒れ野と化した街にはカマボコ型の兵舎が建ち並び、ジープなどの軍用車がわがもの顔に走り抜けていく。伊勢佐木町は米兵であふれ、日本人立ち入り禁止の兵舎内からは食事どきになると食欲をそそる匂いがただよう。盛り場の周辺には靴磨き、モク（たばこ）拾いの浮浪児たちが群がる。彼女がとらえたのは、そうした占領地の姿でした。

私の心に激しいひらめきが起こりました。この子どもを一人でも助けねばならないということでした。戦争中、ともに苦しんだ保母たちも「先生やりましょう、やりましょう」と私に決起を促すのです。私も「そうだ、そうだ、一日も早くあの子どもたちに家を」と、わがうちに燃えてくる炎にかりたてられて……（『わが人生』）

街には行き場を失った子どもたちがあふれている。彼らを保護するような施設も資金も見通しもあるわけではない。それでも何とかしなければならない。恒は、そういう思いにかき立てられます。まず、場所をさがします。横浜市本牧の八聖殿のそばに、爆撃を受け荒れ果ててはいましたが、横浜市の教員修養道場がありました。二棟の平屋で子どもの家とするには申し分ないものでした。早速、半井清市長に子どものための家として借用させて欲しいと懇願します。市内に一か所も養護施設がないことが考慮され、市長からは「高風寮」の名称を引き継ぐことを条件に了承を取りつけます。

一九四六（昭和二一）年三月七日、戦災、引揚げ、生活困窮の母子および孤児、浮浪児を収容保護する施設、高風寮が誕生します。同時に、横浜市で初めての養護施設、高風子供園がスタートすることになりました。翌一九四七年六月には、母子寮、子供園は生活保護法による保護施設として認可されます。

では、なぜ母と子どものための施設を同じ建物ではじめたのか、平野恒は次のように回想しています。

その頃は今のように未亡人のための働く場や、福祉の内容が充実されていなかったので、力を落とし、こぼしてばかりいる母親たちが〔多く〕、まだまだ世の中には両親のいない気の毒な子どもの多勢《ママ》いることを知って、不幸な彼女たちでも何か有益に働くことの力強さを自覚するだろうと考えたからです。（『高風の子ども　三〇年のあゆみ』高風子供園　一九七九）

最初の定員は三〇名でした。収容される子どもたちは「浮浪児狩り」

高風寮の大家族　右端に恒

といって、進駐軍の指令を受けた県の職員によって、街頭や焼けたビルに寝起きしているところをトラックで集められます。子どもたちは収容施設に一時収容され、そのなかから一人ひとりに適したホームに委託されるのですが、なかには本籍不詳、住所不定、氏名、生年月日も不詳と記された子どもが少なくありませんでした。学齢児には学校へ行く準備もし、入学させますが、その日のうちに姿をくらます子どもがいたり、「浮浪児が来た」と地域から冷ややかに見られたこともあったといいます。

高風子供園の運営

施設に収容された孤児や浮浪児は戦災による直接的な被害者といえるでしょう。ところが、実際は必ずしもそうではなかったことを当時の職員が証言しています。高風子供園の初代主任を勤めた山本さよは、子どもたちの会話から、戦災孤児に疑問をもって、平野が渡米したときに調べています。

山本　本当に身寄りのない戦災孤児というのは意外に少なかったことは驚きでした。戦後の食糧事情の関係で捨てられたりしたんでしょうね。Mちゃんも戦災孤児の送致でしたが、東京まで出向いて調べたところ、大学生の兄と、父親もいるんです。T君も父親がいてびっくりしました。ところが引き取らないというんです。……I君は中区役所の近くで浮浪児として収容したのですが、立派な両親が生きていたんです。（同前）

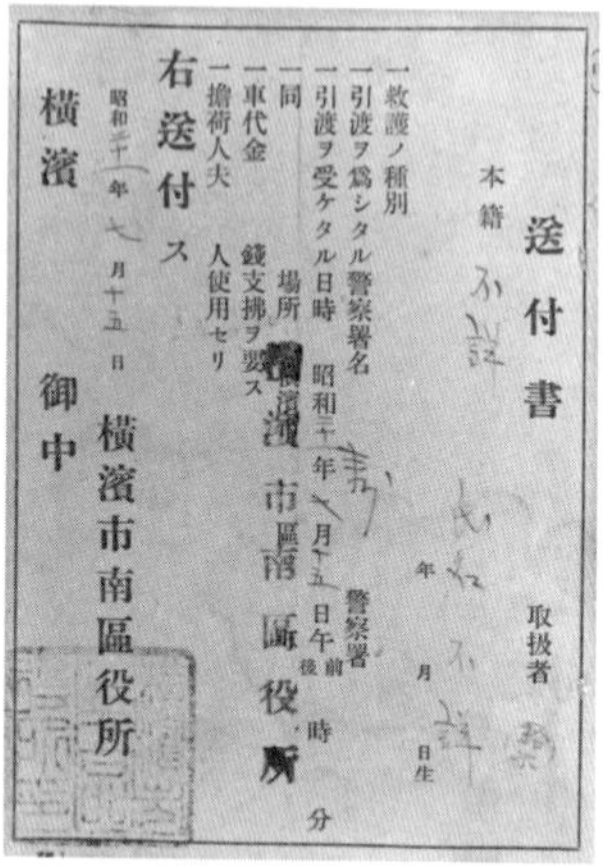

送付書

本籍　不詳

氏名　不詳　取扱者

年　月　日生

一救護ノ種別

一引渡ヲ爲シタル警察署名　警察署

一引渡ヲ受ケタル日時　昭和　年　月　日午前後　時　分

一同　場所　横濱市南區役所

一車代金　錢支拂ヲ要ス

一擔荷人夫　人使用セリ

右送付ス

昭和　年　月十五日

横濱市南區役所

横濱　御中

本籍、氏名不詳の子どもの送付書

戦災孤児として処遇された子どもたちのなかには、戦争が理由であるにせよ家庭崩壊の犠牲となった子どもたちがかなりの数措置されていたことがわかります。生活はどこも困窮していました。園運営も苦労の連続だったようです。

平野　今は措置費が毎月きちんとはいるでしょ。当時は半年に一回。ひどかったですよ。……初めは厚生省が緊急援助費として計上したものを県からいただき、たぶん一人当たり一ヶ月三〇円ぐらいだったでしょう。その後、生活保護法の実施により、市から措置費をもらいました。二三年、児童福祉法が制定、実施されてからは支払いも順調になり、半年遅れの事態はなくなりました。(同前)

児童福祉法は、一九四七（昭和二二）年一二月一二日に公布、翌年一月一日に施行されています。

第二次世界大戦に敗れ、直後の荒廃したこの国には、食料、衣料、医薬品などの生活必需品が不足していました。この窮状に対し海外のララから膨大な支援物資が届けられます。これがいわゆるララ物資です。ララとは、アメリカ、カナダ、メキシコ、ブラジル、アルゼンチンなどの諸国から集められた支援物資を対日本援助物資の窓口とするために設けられた団体のことで、この援助は、一九四六（昭和二一）年にはじまりました。このララ物資により、一九四六年に東京、神奈川、千葉で学校給食が、また一九四八年には六大都市の保育所三〇〇か所で給食が開始されたことはよく知られています。

高風子供園と母子寮の七五名がはじめてララ物資の配給を受けたのは、一九四六年一二月のことでした。平野恒は、この年ララ救援物資中央委員会委員に選出され、一九五二年に配給が終了するまで委員として運営に尽力します。この間、一九四九年一月には、白峰会本部内にララ物資クローズィング・ステーション、一九五〇年一〇月には白峰会診療所にミルクステーションを開設するなど物資配給のための施設提供も積極的に行なわれました。

なお、一九四九年四月、高風子供園は児童福祉法による養護施設として認可されました。

二　児童福祉の実現をめざして

一九四七年四月には横浜保母学院の授業を高風寮で再開します。六月には藤沢寮を、八月には財団法人白峰会《はくほうかい》を設立するなどの事業を展開します。保育事業の充実を願う者にとって、人材の確保は喫緊の課題でした。それは本来最優先課題とされるべきでしたが、戦後の混乱期にはどうしても後回しになってしまう、というのが実情でした。

横浜保母学院の再開

戦後の混乱期に着手した事業が一段落した頃、平野恒は、懸案の保母養成の仕事にとりかかることになります。とはいえ、戦前に建てた校舎を戦火によって失い、そこで学んでいた生徒たちは散り散りになり、敷地を地主に返してしまったとあっては、打つ手も限られます。一方で、保育を再開したことによって、より一層保母の必要性を痛感するようになります。そこで高風寮の食堂を校舎に充てることとし、行政に申請、新築までの間との条件付きで了承を得ます。就学期間は一年。戦前と同じでした。一九四七（昭和二二）年一月、生徒募集に漕ぎつけます。

横浜保母学院入学案内

一、横浜保母学院ハ神奈川県ヨリ保母養成学校トシテ認可ヲ得タ公認学校デアリマシテ特ニ若キ女性ノ教育機関トシテ横浜市内ニ独自ノ存在デアリマス

二、本学院ノ特典

（一）本学院卒業者ニハ卒業証書ヲ授与スルト共ニ神奈川県ヨリ幼稚園保母ノ無試験検定出願資格ガ与エラレマス

（二）本学院卒業生ニ対シテハ責任ヲ以テ就職ヲ斡旋イタシマス

（三）遠方通学者ニハ寄宿舎ノ用意モアリマス（以下略）（『白い峰』）

平野恒の理想とするキリスト教主義に基づく教育を標榜し、新たに聖書、英語などの教科を加え、新生日本の再出発にふさわしい教育が実現することになります。同年一二月に児童福祉法が制定され、同時に発令された児童福祉法施行令により、はじめて保母の資格について明確な位置づけがなされました（『創立五五年　横浜女子短期大学　誇りある道一筋に』

横浜女子短期大学　一九九六、以下『五五年誌』）。

しかし、応募者はわずか八名。間もなく六名に。これに講師・職員一八名での再出発となりました。食事の準備のため教室に煙が侵入することもしばしば。学校から帰宅した子どもたちの喧噪のなかで授業が再開されました。こうした教育環境を改善するため、新たに校舎を確保する必要が生じます。そのような折、恒は、厚生省から立てつづけに会議に招集されます。一九四八年三月のことでした。

三月四日は、保母養成施設設置基準並びに運営に関して。会議では、保母養成の重要性、緊急性については、共通の認識が確認されたものの、養成の方法については、異論があったといいます。平野恒は、養成期間について少なくとも二年の課程が必要との意見を述べています。

三月九日は、児童福祉事業関係女子職員養成計画について。このときは学科目の制定に関する協議が行われています。これを機に全国的に厚生省指定の保母養成校が新設されることになります。

五月、横浜市南区に白峰会本部建物が新築され、横浜保母学院は高風寮内の仮校舎から移転します。この年の入学者は一三名でした。この時期に神奈川県から建物ごと売却するよう申し入れを受けます。恒は、この話を断ります。最終的には学院が神奈川県の委託校となるものの、委託のありかたを巡って県とはかなりの行き違いがあったようです。後年かかる経緯を「委託校事件」と呼んでいるくらいですから、双方四苦八苦して、ようやく事態の収拾に至ったということのようです。

横浜保育専門学院への改組

神奈川県の厚生省指定保母養成事業の委託に関する白峰会への申し入れについては次のとおりです。

二三児発第一七四号

昭和二十三年十二月十六日

神奈川県知事

財団法人　白峰会理事長　殿

県営保母養成施設の事業委託について

県営保母養成施設の設置につき厚生大臣に指定申請中のところ右指定になった上は其の事業を財団法人白峰会横浜保母学院に委託致したきにつき御承諾に成りたい

尚左記事項を御承知の上別紙様式によって受諾書をご提出願いたい

記

一、当施設の運営は厚生省より指示のあった保母養成施設の設置及び運営基準によって実施すること

二、前号に変更のあった場合は速に県を経由して厚生省の承認を得

ること
三、当施設の運営に要する経費は予算の限度内に於て交付すること
四、前号の経費について交付を受ける場合は左の様式によって翌月
　十日迄に請求すること
五、授業料は無料とすること
六、当施設の諸帳簿類は明細に記録して置《ママ》き何時でも監査を受けら
　れるように整理して置《ママ》くこと
七、当施設の運営に関する諸報告類は翌月の十日迄に提出すること

（『白い峰』）

一九四九（昭和二四）年四月から横浜保母学院は、厚生省指定の神奈川県保母養成委託校になりました。これを機に校名を横浜保育専門学院と改称、横浜保母学院は、六期にわたり一一四名の卒業生を送り出し、その役割を終えました。以降は神奈川県と事業委託契約を締結、履修課

程は二か年に延長され、新たな人材の育成をめざすことになりました。

横浜保育専門学院は、卒業と同時に児童福祉法に基づく保母資格が授与され、授業料免除の特典もありました。初年度の学生は一学年一五名、二学年一〇名、計二五名。教育内容には、新たに倫理学、社会福祉系の教科と一、二学年を通して保育実習が課せられました（『五五年誌』）。ところが依然として物資の欠乏状態がつづくなか、四月から七月まで、いかなる交渉をもってしても県から委託費が支給されません。その時期がしばらくつづきます。それでなくても学院運営は恒常的に火の車だったと平野恒は述懐しています。

白峰会の設立

一九四七（昭和二二）年五月三日、憲法が発布されます。その第八九条により、公金を一私立の施設が受けとることができなくなります。そこで八月一二日、財団法人白峰会を設立することになりました。南区平楽の本部は坂道の上にあり、富士山が眺望できます。恵まれた環境のなかで子どもたちと保育者が健やかに生活ができるように思いを込めて、真冬の富士にあやかり法人名としています。
　混乱期を一気に駆け抜けた平野恒は、諸事業が組織的な経営形態のなかに統合され、いよいよ自らの抱える仕事の責任の重さを実感しつつ、

白峰会本部

その一方で、児童福祉法が成立し、子どもたちを守り育む社会的な条件が整備されつつあることを実感したのではないでしょうか。
　その年の九月二一日、第一回理事会が開かれました。その記録を次に抜粋します。

　平野理事の事業報告および会計報告……宮内省に招かれての激励、伊藤、滝沢、山田理事の後援をはじめ各方面の同情と協力に力を得

てひたすら神の摂理と奇跡を信じ、援護を必要とする母子のために起ち上った次第、事業も着々進行しつつあることを感謝す。……

平楽校舎と中村愛児園

藤沢寮内の保育所

事業として戦後中止のものは横浜母性学園のみ、春光園母子寮は藤沢寮に、相沢託児園は高風保育園に切替え、中村愛児園、横浜保母学院はそれぞれ再開、新たに高風母子寮、高風子供園を開設。

中村愛児園は目下園児一三〇名、日曜学校一二〇名、英語学校は出席者一五名、高風母子寮は成瀬村または金沢の事業を継承して昨年三月高風子供園とともに収容施設として許可あり、目下母子六二名、児童二一名収容、また高風保育園は本年四月より開始六四名の児童を保育す。……藤沢寮は収容施設として認可あり。……

会計　いずれも非常なる欠損なり（以下略）（『白い峰』）

理事長は互選により、平野恒が選出されています。ここに事業についてその経過が記されていますので、以下に整理してみましょう。

事業を中止したとするのは、横浜母性学園だけです。新規事業としてあげられた高風母子寮、高風子供園は、すでに一九四六年に事業が着手されています。中村愛児園もこの年に再スタートを切りました。一九四七年四月に高風寮内で横浜保母学院が授業を再開します。これにつづいて、藤沢寮、高風保育園の二事業が切り換え事業として開始されます。

二宮ワカが創立した相沢託児園は、関東大震災で全壊した後に、新築して再建、二宮の没後は、平野恒がその経営を受け継ぎましたが、一九四五年五月の横浜大空襲で全施設を焼失します。ところが戦争による混迷のなかで、平野恒が地主に土地を返してしまったため、相沢託児園の再建は困難となり、その趣旨を継承しつつ高風保育園と名を改めて事業がはじめられることになりました。

他方、平野恒は、一九四七年六月に、あらたな母子寮、藤沢寮を設立します。金沢郷は、解散となりましたが、このなかの沖縄出身の人たちは、沖縄が戦後日本と切り離されたことから、帰るに帰れなくなり、精神的にも厳しい状況に追い込まれていきます。彼女としては、彼らを見放すわけにはいかず、どこかに定住地がないか探していました。平野家の地元である藤沢市に、元ゴルフ場で戦時中は海軍が使用、戦後は米軍が駐留していた広大な土地に目をつけます。八方手を尽くし、許可を取り付けます。

敷地には、事務所、母子の家、保育室、作業寮、ほかに肥料小屋、物置など開拓村さながらの準備を整えます。そこで植樹、養豚、果樹園などの農作業に着手、農場経営によって自給自足の生活をスタートさせます。子どもたちは藤沢本町小学校に通わせ、幼児は、寮内で地域の子どもたちと一緒に保育をし、土曜学校ではキリスト教による精神教育を行います。寮は、白峰会の経営のもと、運営の責任者には恒の姉、三浦康があたりました。

ところが、一九五二年のこと、経緯は定かではありませんが、結果的に寮の土地と建物は、藤沢市に譲渡することになり、白峰会は土地を手放し、藤沢寮における母子福祉事業からも手を引くことになります。平野恒は、これまで取り組んできた母子事業にここで終止符を打つことを余儀なくされます。

白峰会診療所

診療所の開設は、当初、白峰会の事業には予定されていませんでした。少なくとも第一回理事会の議題にあがっていません。しかし、議事録には「ご遺族よりご寄付あり」とあり、これが診療所の開設に充当されたと思われます。

寄附の主は、横浜の名門渡辺たまです。たまは、一八五八（安政五）年上野国（群馬県）の生まれ。貿易商で実業家の渡辺家に嫁いだたまは、夫の得た財力をもとに社会事業、教育事業に関わります。一八九九（明治三二）年、横浜孤児院（戦後、三春園）を設立、院長。一九〇八年、県内初の女子の夜学校、横浜女子商業補習学校を設立、現在の山手女子中学校、高等学校の基礎を築きます。また、一九一三（大正二）年には

渡辺たま

横浜保育院を設立するなど精力的に活躍しています。彼女は、熱心な仏教徒としても知られ、二宮ワカらとは宗教を超え、横浜のために献身しました（「渡辺たま女史」『社会事業功労者事跡』〈伝記叢書72〉大空社　一九八九、社会局一九二九年刊行の複刻版）。一九三八（昭和一三）年に八〇歳でたまは亡くなりますが、その遺志が、子息の利二郎、富三郎に継がれていました。

戦後の衣食住にことを欠く生活環境の下、医療も十分ではなく、子どもが病気になってもこの地域には開業医とて一軒もなく、まるで無医村状態に置かれていました。一九四八年八月、白峰会は、診療所の開設を申請、隣接する横浜市立十全病院（現横浜市立大学附属市民総合医療センター）の協力を得て、白峰会診療所を開設します。

これまでの児童福祉とは畑違いの診療所経営です。白峰会本部の入口のスペースを利用して急造のクリニックを設けます。焼け野原同然の地域に住む人たち、とくに乳幼児を抱える母親にとっては心強い味方となりました。看護婦は、家族とともに本部に住み込み、医師の診察活動を補助する一方で、母子の保健指導にもあたりました。診療費はどこよりも安く、安心して生活ができ、精神的な安らぎが得られるような場となりました。

ただ、診療所としては周りに雑音が多く、小さな子どもの脈をとるにも支障となるため、新たに町内に木造二階建ての診療所を建て、一九五三年七月には移転します。そこでは、夜間診療、往診にも応じていました。そして、横浜市内に開業医が増加、急病にも対応できるシステムが整備された頃合いを見計らって、一九六八年、白峰会診療所は地域医療センターの幕を下ろしました。

三　世界を知る旅へ

一九五〇年代のはじめ、平野恒は、アメリカ、カナダなど諸外国の児童福祉を視察するために旅立ちます。青山学院で、神学を学びはしましたが、それまでは、必要に迫られて福祉の世界へ足を踏み入れ、時代の波に後押しされるように仕事にのめり込んでいきました。諸外国で見聞を積むことは、新たな学びでもあり、自らの来し方を見直す機会でもありました。

アメリカの児童福祉

一九五〇（昭和二五）年一二月、平野恒は、アメリカの政府の招聘により「第五回児童及び青年のための白亜館会議」に日本代表として、厚生省高田正巳児童局長とともに出席、併せてアメリカの児童福祉事業視察の旅に出発します。

白亜館会議の白亜館とは、ホワイトハウスのことです。この会議は、一九〇九（明治四二）年にセオドア・ルーズベルト大統領により開催され、以降約十年ごとに開かれていました。一九三〇年の第三回会議では「児童憲章」が採択されています。その後、大恐慌を経た一九三五年には社会保障法が制定され、遅れていたアメリカの社会保障制度が整備されることになります。児童の保護についても連邦レベルで政策課題として取り組まれるようになります。一九五〇年の第五回会議は、第二次世界大戦後はじめての開催で、アメリカの各界からの代表五千人、三九か国の代表三〇〇人が参加しました。

このときの大会のテーマは「児童及び青年のための健全な人格の形成」でした。会議では「健全な人格」とは何かといった課題を中心に、五日間議論されました。「健全な人格」の養成には、まず知能、次に健康ということが確認されますが、会議で一番の議論になったのは、そのような人格を形成するための第三の要素として感情方面、霊的方面が重視されるべきとの見解でした。「道徳教育をどう扱うか」についての議論にも重点が置かれています。この頃、アメリカにおいては、貧しい子どものためだけではなく、すべての子どものために何がなされるべきか、との視点に考え方が移行していた、と恒は報告しています。

帰国後、平野恒はアメリカでの視察、議論から相当なショックを受けたようです。あらためて日本の国を見たとき、何て貧しい国なのか、これほど惨めな国はどこにあるだろうか、と語っています。そして世界の国々の人びとと肩を並べられるような、次の世代を担う子どもを育てることが自らの使命だと考えるようになります。

その後も、恒は、この会議に出席しています。一九六〇年、第六回の会議のときには、ロンドン、パリ、ハンブルクなど欧米の青少年の活動、保母養成事業を視察、その帰途、香港のチルドレンズホーム、スラムを視察しています。また、一九七〇年の第七回会議のときは、帰途、ロンドン、パリに加え、ジュネーブの児童福祉事業を視察しています。

カナダの保育事業視察

一九五一（昭和二六）年八月、平野恒は、国際連合の奨学金を受け、翌年の一月にかけてカナダの児童福祉事業を視察しています。

この当時のカナダについて少し見ておきましょう。一八六七（慶応三）年にカナダ連邦政府が成立します。一八六七年に制定された「英領北アメリカ条例」により各州の地方分権が採用されています。そのため、連邦、州及び市郡の各政府がそれぞれ単独で、あるいは共同で、その責任の主体となるよう定められます。

一九四三（昭和一八）年、カナダでは、社会福祉の基本方向を示した「マーシュ報告」とナショナル・ミニマムを保持するための総合的な所得保障案によって、社会保障の方向性が示されるようになります。第二次世界大戦後は、経済の低迷や軍需の縮小により、国民生活にさまざまな影響が出ますが、「マーシュ報告」に準処しながら、一九五〇年以降は、イギリス北欧型に近い社会福祉法制が加速的に拡大していきます。この時期すでに高齢者、障害者のための所得保障が改訂され、一九五一年には老齢年金法、老齢扶助法、視覚障害者法などの各種法制度が整備されています。平野恒がカナダを訪れたのはその頃のことです。

そのときの報告は、直後の山形県における講演で印象的に語られています。そのなかからいくつかをあげておきます。カナダにおいても、保育所の問題は啓蒙宣伝が必要な地区が多くあり、保母の資格、俸給、経営等さまざまな問題に取り組んでいる。「ナースリ・スクール（保育学校）」については、不十分だと感じ、そのことを指摘すると、カナダでも理想の実現のために、協会を組織する努力をしていることがわかり、お互いの悩みを理解し合うことができた。

「混血児と問題児」について。正式な結婚をしないで生まれた子ども、あるいは人種が違った人びとの間に生まれた子どもなどの混血児を収容する施設を見学。そのなかには身体の弱い子、精神薄弱児もいた。母親

カナダよりの帰途　ウィルソン号にて

たちのなかには産んでも育てきれず施設に連れてくる。二度、三度もこういう過ちを繰り返すことに対し「なぜ予防の施策をとらないか」と問題を指摘する。予防することの必要性を痛感すると同時に、このようにして生まれた子どもには罪はない、この子たちの幸福を考えることは一つの福祉事業ではないかとの思いを強くする。

また、ウィニペグでは、そこの社会福祉協護会の人に社会事業の対象のある街の案内を乞う。そこでは母親が長い間病気をしていても一家離散しないで、夫と子どもも一緒に家庭生活ができように派出婦を送る制度があることを知る、と報告しています。

カナダ、アメリカ両国と我国とを比べて一層強く自分の仕事に対する使命を見出して、努力してもなおこれでよいということはなく一生を捧げてもまだまだ足りない、という非常な生き甲斐を感じたのでありました。（『保育所の使命と当面の諸問題』〈民生叢書　第四集〉山形県社会福祉協議会　一九五二）

この視察によって得た知見をもとに、平野恒は、これからの日本の児童福祉のさらなる向上のため、実践を積むとともに保育の理論を学ぶことの必要性を訴えています。

平野恒の子ども観について

一九五二(昭和二七)年五月、平野恒は、山形県保育事業大会において「保育所の使命と当面の諸問題」との演題で講演をしています。この講演で彼女は、児童福祉事業に対して国や地方行政の理解が不十分ななか、アメリカ、カナダの視察による見聞をもとに自らの保育観を語っています。この時期の平野恒の考え方をよく現していると思われます。

講演は、次の五つの章から成っています。それぞれの章の概略は次のとおりです。かっこ内が節に相当します。

第一　吾が国保育事業の現状
第二　海外の保育事業の視察から(混血児と問題児について、アメリカにおける白亜館会議)
第三　保育所の社会性について(アメリカの保育所、カナダの保育所、日本の保育所、保育所の経費)
第四　保育内容についての諸問題(生活指導の重要性、経済的矛盾、職員

の資格）

第五　社会福祉協議会の前進と協力（同前）

わが国の児童福祉事業の現状について、社会一般の理解が乏しいこと、行政の施策も十分ではないが、とにもかくにも児童福祉法が成立し、児童が主体と見なされる状況となったことは、戦前とは比較にならないと前置きして、話を展開させています。そのなかからいくつかを拾い上げてみましょう。アメリカの会議からは「子どもの霊的成長の重要性」について言及して「霊とは人格、精神、人そのもので」「人間の価値、尊厳、というものは、決して肉体のみで解決されるものではなく、この霊的方面が肉体と共に立派な成長を遂げてはじめて」「健全なる人格」といえる、と指摘します。ここで霊的成長とは、現代の用語に置き換えれば、発達心理、子どものこころの成長、といったことだと思われます。

また、「子供の権利・社会の義務」について述べています。

子供は大人によって、よく育てられるべき権利を持つ、大人は子供をよく育てる義務を負っている。社会も亦子供をよく育てるべき義務を負っている……保育所が保育所だけでこの重大な義務を負ってはいけない。……社会が負わないで保育所だけが義務を負ってはならない……社会が保育所に協力して一人の子供を本当によく育てるということでなければならない、社会にはこういう義務がありま す。（同前）

アメリカの児童福祉もはじめは貧しい、愛情に恵まれない一部の子どもたちを対象にしていた、それが次第に社会全体の子どもたちのために、と変化したことを指摘、わが国の児童福祉法もすべての子どもたちを守るような内容に整備される必要があると提言します。

以下、「保育所の社会性について」では、「地域社会との関連において非常に社会性が乏しい」とそのあり方を指摘しています。「保育内容

中村愛児園の子どもたちと　1958 年夏

について の諸問題」においては、とくに生活指導についてふれ、「人としての生活指導に重き」をおくことが保育の第一の目的だとし、最終的には「保母自らが健全なる人格を持たなければこの使命を果すことは出来ますまい」と述べ、保母養成の必要、さらには地域社会のなかに児童福祉に対する理解を広めていくために関係者が協力し努力する必要を訴えています。

第四章　保育・幼児教育の発展のために

一九六〇年代には、平野恒は、木下恵介のテレビドラマ『記念樹』のモデルとして知られるようになります。また、戦後に再スタートした各種の児童福祉に関する事業がようやく軌道に乗り、子どもについての社会的な理解が次第に広まっていった時期でもありました。

平野恒にとっての大きな課題は、保母養成事業をさらに充実した内容にすべく、専門学校を高等教育機関へとグレードアップさせること、そして、保育者が社会に認知されること、さらには現場で働く保育者の資質の向上をはかることでした。

一　子どもたちのしあわせを求めて

華々しい世界がある一方で、教育や福祉の仕事のようにその成果が目に見える形では現れにくい世界があります。そこでは表立って評価を受ける機会もそう多くはありませんが、それとは対照的に継続した地道な努力が求められます。一人ひとりの子どもに寄り添って、彼らの世界をともに築いてゆく、そういう仕事です。平野恒が、ひとりの子どもを見つめ、育むからこそ、取り組むべき仕事がありました。それが児童相談でした。

児童相談室の開設

一九四七（昭和二二）年一二月、児童福祉法が制定・公布されます。その第一五条には、都道府県に児童相談所を設置することが義務づけられました（現行法令では第一二条）。翌一九四八年、神奈川県では横浜、川崎、横須賀に児童相談所が設置されます。当時は、浮浪児保護、混血児や非行少年の増加への対応が中心的な業務でした。一九五六年横浜市が政令指定都市となり、横浜市児童相談所が置かれます。この頃になると県の相談は、養護、非行、育成の問題がそれぞれ三〇％、心身障害相談は一〇％と変化が見られます。

一九五八年五月、平野恒は、白峰会児童相談室を開設します。一九五〇年代にアメリカ、カナダの児童福祉施設を視察した際、チャイルド・ガイダンス・クリニック（児童相談所）を見学して感銘を受け、わが国にも同種の施設がほしいとの思いを抱きつづけていました。八年越しにその構想を実現したことになります。この頃には、神奈川県が四か所、横浜市が一か所児童相談所を設置していますが、私立の児童相談所は、全国的にも珍しいものでした。

児童相談室には、大学教授を含む六名の専門家と三名の保母が配置されています。相談者は幼児から一六歳の高校生までで、多数を占めるのは就学前の幼児と小学生の低学年。同一区内を中心に、市の内外からも相談に訪れています。開設して七か月後には約四〇〇例に及ぶ相談がありました。相談理由は、知能発達上の問題五〇％、性格行動上の問題三〇％、言語上の問題一〇％などでした。

平野恒は、相談室の事業を報告するなかで、次のように指摘しています。

子供の精神衛生の問題は一部の専門家のみが行う仕事ではなく、広く一般の人々の理解協力がなければなりません。一人の子供は家庭・保育所や学校・地域社会の中で育つのであり、子供の仕事にたずさわる人々はもとより、一般の人々の啓蒙も必要であります。（平野恒子「白峰会児童相談室におけるカウンセリングの実態」『保健の科学』一巻四号　一九五九・四）

一九七九年に横浜女子短期大学が港南区に移転した際、相談室は、近くのグランド内に移転します。この頃には、自閉症の児童が増加するなど、教育・児童福祉の現場でも障害をもった子どもに対する関心が高くなり、専門的な治療を受けながら健常児とともに保育する取り組みが見られるようになります。

時代が大きく変わっていくなか、しばらくは相談を継続しましたが、一九七四年には磯子区に横浜市南部児童相談所が開設されるなど、徐々に地域に子どもの心理・行動に関する専門機関が整備されるようになります。それにつれ児童相談室の相談件数は次第に減少しました。そうでなくても私立の児童相談室の財政状況は、創立以来常に赤字の連続でした。それでも二八年にわたりこの施設をつづけたのは、子どもたちの健全な発達を何とかしてサポートしたいと願う平野恒の強い思いがあったからです。一九八五年度をもってこの事業を終えます。この間の受付総件数は二、三五七件、面接回数延べ二万三千余回、出張テストは約一万九千名余を数えました。

高風の子どもたち、中村の地域とともに

一九五六（昭和三一）年一一月、平野恒は、藍綬褒章（児童福祉・社会福祉）を受章します。一九五九年九月には、これまでの足跡を『白い峰』（白峰会）にまとめます。

そして、翌月には、秩父宮妃殿下ご臨席の下、白峰会創立六〇周年並びに横浜保育専門学院二〇周年の記念式典が行われます。このときに妃殿下からはお祝のおことばとお歌を賜りました。

幸うすき子らもすなおに育つらむ　おやにもまさる人のなさけに

励ましのことばを胸に、一九六〇年代を迎え、さらに子どもたちのため、保育者の養成のためにと横浜女子短期大学をスタートさせた平野恒の仕事が、多くの人に知られる機会が訪れます。

一九六六年四月から翌年の二月まで、高風子供園を舞台にした連続ド

ラマ『記念樹』が放映されます。このテレビドラマは、木下恵介劇場の第三作目にあたります。このドラマが生まれた経緯は次のとおりです。

木下恵介（監督）が、山田太一（脚本）と作品の構想を練るために、長崎からタクシーをチャーターして、映画『永遠の人』（一九六一年）で訪れた熊本県阿蘇を目指していたときのことです。熊本の近くにさしかかった辺りで、タクシーの運転手が「ここにお世話になった先生がいらっ

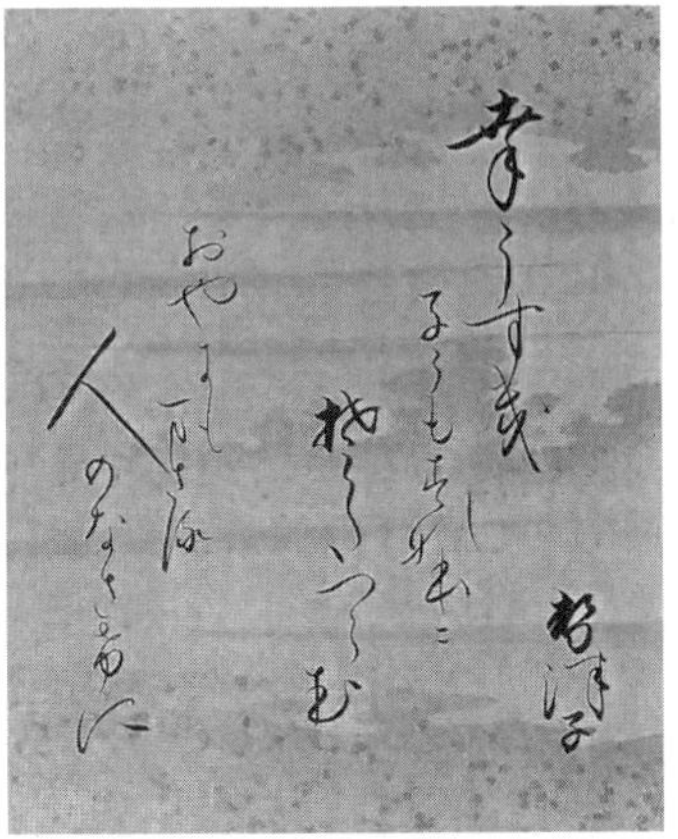

秩父宮妃殿下から賜った御歌

秩父宮妃殿下を招いて白峰会 60 周年・
横浜保育専門学院 20 周年記念式典

しゃる」から立ち寄りたいと申し出ます。木下は「勿論いいよ、寄りなさい」と言うと、小さな郵便局の前に停まります。しばらくすると、その先生が姿を現し、帰り際に、木下に「この子がお世話になりまして」と挨拶をします。その運転手は施設の出身者、運転手が世話になった先生というのは、親のない子どもたちの施設の保母で、その嫁ぎ先が小さな郵便局だったことがわかります。

阿蘇へと向かうタクシーのなかで木下は、一気に構想をまとめます。養護施設を舞台に、若い保母と子どもたちの心の交流を一話完結で描く、先生が結婚を機に園を離れるときに、子どもたちが先生の家の庭に記念樹を植え、子どもたちの成長を描くというプロットでした（山田太一『街で話した言葉』ちくま文庫　一九九二）。

東京に戻った木下は、児童福祉施設の周辺を取材して回り、高風子供園のことを知ります。一九六五年一二月、木下は同園を訪れ、保母や社会で働く卒園者から取材をしています。全四六話の内、木下が一七話、山田太一が二一話の脚本を担当しています。監督は、川頭義郎、音楽は木下の弟、木下忠司で、高杉早苗、馬渕晴子などが出演しています。

平野恒はこのドラマについて、次のように記しています。


放映中の反響は大阪のある人によれば「記念樹」がはじまると街の銭湯は人ひとりもいなくなり、九時半が過ぎると再びにぎやかになるということでした。（『わが人生』）

それは『君の名は』のことではないか、と思われるかもしれませんが、まだ娯楽が少なかった時代のことです。当初二クール二六話の放送予定が、好評により四クール四六話へ延長されたことから見ても同様の現象が起きても不思議ではないといえましょう。このドラマは、この年の児童文化賞を受賞しています。

いずれにしても『記念樹』は、養護施設についての社会的な意義・役

木下恵介脚本『記念樹』で恒を演じた
高杉早苗とともに

割を多くの人に伝えただけではなく、児童福祉の世界のなかで真摯に仕事と向き合う若い人たちへの励ましとなり、施設で生活する多くの子どもたちを勇気づけました。

一九七三年七月に中村愛児園は、全面を改築、落成を迎えます。この落成を、地域の人たちはわがことのように喜び、街をあげてお祝いをしてくれたといいます。それは、恒が中村愛児園を二宮ワカから引き継ぎ、震災で全壊、震災後はバラックのまま朽ち果てた園舎のなかで、南京虫、ノミやシラミと格闘したこと、やっとの思いで建て替えた自慢の園舎も、横浜大空襲で地域とともに全焼、一帯は焼け野原となり、これまで数え切れぬほどの苦難を地域とともに乗り越えてきて現在がある、という思いを共有していたからです。

恒にとって、中村の地は、「わたしの親類」で「限りなくいつくしみを受けている」特別な地域でした。

私の駆け出し時代から、五十年余り常に私を支え、福祉の精神をかりたててくれた母なる地です。ある時は共に苦難とたたかい、あるいは憤慨もし、児童福祉向上のためには、強い意志も交しあって、過ごしてきた私の愛するコミュニティです。（『わが人生』）

一九七九年まで横浜女子短期大学が同じ区内にあったことも、中村とともにあった、との意識を高めていたと思われます。平野恒は、中村愛児園が地域とともに歩んできたことを想起しつつ、まだ保育制度、施策が未整備のころは、厚生省の指示や法律の改正を待つことなく保育を実践したこと、また、現場を知らない画一的な行政は地域の実態と乖離していて、そうしたなかで地域の実情に即した保育に対する取り組みがいかに重要だったかをふりかえっています。

いつのときも保育を必要とする子どものために、公私の別であるとか、施設・設備の優劣を争うのではなく、「なぜ保育がこの子どもたちに必要であるか」「保育とは何なのか」を考えること、「保育事業の真の目的は子どもを集団生活になじませることよりも、まず子どもの生命の尊さと、子どもにも人としての権利を認めること」が重要だと平野恒は指摘しています。

表－4　高風子供園

1946（昭和 21）年

3.7　横浜市中区本牧に、当時焼け残っていた横浜市所有の高風寮について半井市長に懇請、戦災、引揚げによる生活困窮の母子及び孤児、浮浪児を収容保護（母子 62 名、児童 21 名）

12.-　ララ物資をはじめて受配

1947（昭和 22）年

6.19　高風寮（母子寮、子供園）、生活保護法による保護施設として認可

1949（昭和 24）年

4.-　高風子供園、児童福祉法による養護施設として認可（定員 30 名）

1950（昭和 25）年

8.-　高風寮における母子寮を藤沢寮に合併、高風子供園、保育園の事業を継承

1963（昭和 38）年

11.-　新園舎落成

1966（昭和 41）年

4.-　平野恒、高風子供園をモデルに TBS テレビドラマ・木下恵介劇場『記念樹』が放映（～ 1967.2）

1969（昭和 44）年

-.-　卒園者によって大洋会発足

1979（昭和 54）年

5.5　『高風の子ども : 30 年のあゆみ』刊

二　専門教育の充実へ向けて

戦前、平野恒は二つの保育所を二宮ワカから引き継ぎ、園長となります。そこで保母の必要性を痛感し、戦時体制下に苦心の末に保母養成機関を立ち上げますが、戦災で壊滅、一から出直して、横浜保育専門学院に育て上げます。そして、専門学校から高等教育機関へとそのステージを上げていくことになります。

横浜女子短期大学の設立

一九五〇年代の初め、ベビーブームによって子どもの数が増加、保母の需要が高まります。保育所が急増する一方で、社会の変化に応じ、児童福祉施設最低基準や保育所運営要領などが整備されます。横浜保育専門学院の学生数も増え、一九五一（昭和二六）年には四八名、一九五三年には一〇〇名に達します（『五五年誌』）。

一九五一年四月、木造一部二階建ての校舎を新築、栄養学実習室、図書室、ピアノ個室などが整備されます。一九五三年、地方から保母をめざして上京する学生のために寄宿舎白峰寮を新築（定員一六名）、五八年に増築します（定員二四名）。この頃から、各種児童福祉施設からの求人への対応が可能になり、卒業生は、養護施設、精神薄弱児施設、乳児院、母子寮などへも就職するようになります。

平野恒　ある日の講義

一九六二年九月、児童福祉法施行規則が改正され、保母養成校の修業科目・修業方法が変更されます。このとき学院は、横浜市南区中村町に新校舎を建築、移転します。絵画製作・栄養学実習等の教室、図書室、ピアノ個室、講堂兼体育教室などを完備、教育環境が整備されました。旧校舎は、平楽校舎として、実習教室等に使用することになりました。同年、入学定員を一〇〇名に変更、学生数も、一九六四年には一三九名、一九六五年には一八五名と増加します。卒業生はほぼ全員が児童福祉施設に就職しています。

戦後すぐの時期から、保母養成は、大学教育のなかに正しく位置づけられるべきとの構想を持っていた平野恒は、短期大学への切り替えを実現するための方法を模索します。一九六二年から準備、一九六四年、文部省との接触がはじまりました。しかし、当時横浜保育専門学院は校地、校舎はもとより教具・備品から人件費を含む運営資金の相当部分を県費でまかなっていました。これを短期大学に移行させるには、土地・建物をまずは県から譲り受ける必要がありました。

かかる諸手続きに加え、周囲から組織の変更を心配する声や反対意見も聞こえてきます。これに対し平野恒は、「献身的に働く保母のために、この学院を……短期大学制度に踏み切ることこそ保育事業の将来への光明」と考え、長らくつづけてきた神奈川県との委託契約を解消、新たな道へと歩み始めることを決めます。

一連の手続きを経て、一九六五年九月、児童福祉施設の保母と幼稚園教諭の養成を目的とする学校法人白峰学園並びに横浜女子短期大学（保育科）の設置を申請、翌一九六六年一月に認可されました。保母の社会的地位を高めることをひたすら願ってきた平野恒の長年の努力が結実したといえましょう。四月には一二四名の新入生を迎え、第一回の入学式が行われました。六月には、秩父宮妃殿下ご臨席のもと開学式が挙行されました。

翌年三月には横浜保育専門学院最後の卒業生（第一八期生）一二〇名が巣立っていきました。一九四九年から一八年間にわたり七六六名の卒業生を世に送り出した横浜保育専門学院は、その責任を全うし、一九六七年三月をもって廃止、神奈川県との委託契約を解消することになりまし

秩父宮妃殿下を招いて横浜女子短期大学開学式

開学式における秩父宮妃殿下のおことば

た。横浜保育専門学院は、神奈川県内を中心に数多くの保育者を輩出しました。神奈川県保母賞の受賞者、児童福祉に対する長年の功績をたたえられ叙勲の栄に浴する者など保育界をリードする者も少なくありませんでした（『五五年誌』）。

附属幼稚園の設置、施設の移転、拡充

一九六八（昭和四三）年三月、横浜女子短期大学は、保母資格と幼稚園教諭免許状を取得したはじめての卒業生一二〇名を送り出します。保育者養成には理論のための学習とともに、それを実践するための実習施設が必須です。保育実習の場としては、中村愛児園、高風保育園があり、養護施設は高風子供園がすでにありました。しかし、幼児教育の実習については、当面、地域の施設に依存せざるを得ませんでした。

保育者教育の充実のためには、附属の幼稚園施設が必要でした。そのため適当な土地をさがしていたところ、日本住宅公団（現都市再生機構）が横浜市磯子区に洋光台団地を造成、ここに幼稚園の配置が計画されていることを知ります。平野恒は、早速、附属幼稚園の開設を申請します。運よくその一つに開園が決まります。

一九七〇年四月に横浜女子短期大学附属幼稚園を、定員一六〇名でスタートさせました。一九七〇年代には、幼稚園の入園希望者が増え、幼稚園ラッシュといわれる時代になりました。その一方では、早期教育の過熱傾向が見られるようになるなど新たな課題も浮上します。そうした風潮のなかで、附属幼稚園は、平野恒の幼児期を大切にする教育実践を積み重ねていきます。一九七二年には二階を増築、定員を二四〇名としました。一九七三年は、国鉄（現ＪＲ）根岸線の洋光台、大船間が延伸開通して全通し、居住環境が大きく変化、洋光台は全国的にもマンモス団地として知られるようになります。

時代とともに歩んできた横浜女子短期大学は、年ごとに高まる保育者へのニーズに応えるべく新たな構想のもとに教育環境を整備するときを迎えることになります。一九七六年二月、定員の変更が認可され一〇〇名から二〇〇名となったのを機に、四月には横浜市港南区に運動場の土地を購入します。一九七七年には、運動場の近くに校地を求め、大学の移転事業計画が決まります。工事は次のように進みました。
一九七九年五月、第一期工事、本館・図書館建設、全面移転
一九八〇年三月、第二期工事、体育館建設、グランドの整備
一九八三年二月、第三期工事、講堂（保育センター）建設

附属幼稚園運動会　子どもたちと

同年六月、横浜女子短期大学校舎落成記念式典を秩父宮妃殿下ご臨席の下で開催しました。

一九九〇年代になると、とくに少子高齢化社会に対応した社会のあり方について、さまざまな論議がなされるようになり、その根幹を担う教

育・福祉の分野は大きな転換期を迎えます。一九九〇（平成二）年四月から教育職員免許法の改正に伴う、新カリキュラムによる授業がスタートすることになります。これにつづく保母養成教育課程の改正によって、一九九二年四月からは新課程による教育が実施されることになりました（『五五年誌』）。

この間、一九九一年には、学校教育法並びに短期大学設置基準の改正があり、これらの教育課程改革に伴い、一九九四年三月の卒業生からは、新カリキュラムによる保母資格・幼稚園教諭二種免許状が授与され、さらに準学士と称されることになりました。

三　保育者の専門性、地位の向上をめざして

一九六〇年代、この国は高度経済成長を実現し、物質的に豊かな時代

を迎えます。一九六四年には夢の超特急と謳われた東海道新幹線が開通し、戦争で果たせなかった東京オリンピックが開催されました。大学への進学率は上昇するにつれ、保育者を志す生徒たちにも、高等教育をめざす意識の高まりが見られるようになります。

平野恒は、保育者の専門性の向上には、環境の整備が必要と考え、そのためにも神奈川県全体の社会福祉のさらなる発展のための組織づくりに着手します。それが神奈川県社会福祉婦人懇話会です。一方で、保育者の研修機関の必要性も検討課題となっていることを自覚、その実現に向けた活動を開始します。

社会福祉の充実のためのネットワークづくり

神奈川県社会福祉婦人懇話会の発足

一九六四（昭和三九）年、神奈川県内の施設長、理事長などの女性社会事業家が集ったとき、今後の神奈川県の福祉行政に役立つことであれば、結束して陳情し、お互いの事業について話し合うなどのグループを結成しようとの案が浮上し、七月に神奈川県社会福祉婦人懇話会が設立されました。委員十数人を互選、そのなかから平野恒が会長に選出されます。設立総会では、養護施設の設置費の遅配による施設運営の問題などとともに保母の表彰の方法、保育所の適正配置についてなどが提案要望事項にまとめられています。

このときに副会長に推されたのが吉見静江です。吉見は、一九四七年に厚生省児童局保育課長として、戦後の保育行政の基礎をつくりあげてきました。一九四八年に平野が厚生省から呼ばれて、保母養成の基準づくりに尽力したことはすでにふれましたが、そのときの保育課長です。一九六〇年代後半には、吉見は、活躍の舞台を神奈川県に移し、県下の福祉施設の改善のために、行政当局に対する諸制度の改善、要望のための協議への参画、などの諸課題に取り組みます。一九七一年に病気のために退任するまで平野を助け、この仕事に打ち込みます（瀬川和雄『シリーズ福祉に生きる47　吉見静江』大空社　二〇〇一）。

そうしたなかで、平野恒にとっての宿願は、何といっても保母の地位向上のための施策であり、環境づくりでした。国の将来を担う子どもたちの成長のために尽くす保育者の社会的な地位の向上なくして文化国家とはいえない、との信念のもと県知事に次のことを具申します。

ひとつは、保母賞の設置でした。一九六五年一二月五日、第一回の保母賞の贈呈が行われます。第一回受賞者には、県内五千人の保母のなかから五名が選ばれています（一九九九年以降は保育賞）。ふたつめは「保母の日」の実現です。一九七七年には、「神奈川県保母の日」が制定され、一二月に第一回「保母の日のつどい」が開催されます。以後、保母賞（現保育賞）の表彰とともに、毎年一二月第一土曜日を、神奈川県保母の日（現神奈川県保育の日）と定め行事が実施されています（現在は「保育のつどい」）。

保母の日が制定されたときに恒は、次のように語っています。

保母の日制定記念式典

思い出をたどれば私の駆け出し時代に及ぶ。保育所の数は十カ所くらい、養護施設は二、三カ所に過ぎなかった。横浜、川崎両市とも特別市制には遠く、県の総人口も六十四万人程度であった。私自身、なんの予備知識もない園長であったが、私の胸に焼きつくほどこたえたことは保母のことであった。その人間性、資格、待遇等親にかわるこの重要な役割、ある面では国の親でもあるこの「保母」。

（「保母の日制定の感謝」『保育かながわ』二二号　一九七七・一二）

神奈川県により独自に創設された保母賞、保母の日は、現在では保育賞、保育の日となり、保育に従事する人たちのモチベーションを向上させる上で大きな意義をもつ一方、保育に対する社会の関心を高める一助となっています。

平野恒は、神奈川県社会福祉婦人懇話会についてどのように考えていたのでしょうか。聖書から次のことばを引用してその問いに答えています。

何ももたぬものの如くなれども、凡てのもの持てり（コリント人への第二の手紙　第六章一〇節）

この会とともに歩んだ二〇年を「私どもが生きること、それはただおのれのためばかりでなく必要な人々のためにつくすことがあたりまえと心得てきました」とふりかえっています。彼女は、まだこの世界に足を踏み入れる前、信仰をともにするネットワークの一員として加わり、そこで埋もれていた才能を見いだされ、人びとに導かれてきました。そして、いま、時を経て思想や信仰を超えた新たなネットワークのなかで、地域の福祉向上のために力を尽くすことの意義を伝えたかったのだと思われます。

いまでこそ、女性の社会進出が叫ばれ、男性とともに女性が活躍する姿が見られるようになりましたが、半世紀以上も前に、男性に伍して、政治、行政に物申し、神奈川県を福祉県とするために拍車をかけるような働きかけをすることができたのは、この懇話会に集う「婦人」たちのような一部の人たちに限られました。とはいえ、代々の知事をはじめ、行政幹部を説得するために奔走した相談役の瀬田良市らの賛同者を得ていたことも事実です。

懇話会は、平野の後を受けて小川あきの、阿部絢子へと会長が引き継がれ、二〇一五（平成二七）年に五〇周年を迎えました。これを機に、横須賀基督教社会館館長の阿部志郎は、平野恒らの遺志を受け継ぎ「従来通り、女性らしい細やかな配慮を加えつつも、会員が協働して神奈川の福祉の進歩・充実に貢献してもらいたい」とエールを送っています。なお、現在、事務局は横浜女子短期大学内にあり、恒と長年にわたり苦楽を共にしてきた中川緑が副会長を務めています。

保育者の資質向上のために

保育センターの開設

一九四七（昭和二二）年、児童福祉法が制定され、保母の資格についての法的根拠が明らかにされました。当初の児童福祉施設で子どもの保育にあたっている人びとに保母の資格を取得させるために、保母資格認定講習会を都道府県ごとに開いて資格を付与すること、保母養成施設を設けること、保母試験を実施することなどが定められます。一九五〇年までに横浜保育専門学院など全国で一二校が指定されました。

一九六八年、横浜女子短期大学は、これまでの経緯から、神奈川県から「無資格保母夏季現任訓練」の事業を受託します。無資格保母の研修は一九七四年まで行われ、これと前後して一九七二年からは主任保母、一般有資格保母の研修を実施しています。その後も時代の要請に応えつつ講習内容を変え、一九八二年まで一五年間開催されました。

一九七〇年代になると共働き世帯が増加、その一方でいわゆる専業主婦の減少傾向が現れるようになります。フルタイムで働く女性の増加によって、保育所の需要が高くなります。さらには入所児の低年齢化が進み、これによって乳児保育、長時間保育、障害児保育などのニーズが高まります。行政にはこうした保育を巡る社会環境の変化への対応が求められるようになり、教育機関には保母の研修、研究などの重要性が指摘されるようになります。

一九八〇年五月、神奈川県内の行政担当者、保育関係者の代表者からなる神奈川県保育問題連絡協議会が結成されます。そこでは、保育所の適正配置に関する研究などが着手され、保母養成事業の重要性についても審議されます。研修施設（保育センター）の建設についても話題になり、保母の研修は、教育機関で実施されることが望ましいとの考えが示されます。研修施設については、保母養成に先駆的な役割を果たしてきた横浜女子短期大学に要請する気運が高まります。

平野恒は、こうした情勢を鑑み、最終事業として進められている講堂の建設計画に、保母養成のための研修機関構想を盛り込むことを決意します。保育者の社会的地位の向上に関しては、すでに述べたとおり、保母賞、保母の日などの制定によって広く社会にアピールする手立てを講じますが、一方で、社会の変化に対応した保育を実践するための総合的な研修施設の必要性を認識したからに他なりません。

現職の保育者が自ら研鑽を積み、資質の向上を図るためには明確な研修体系に基づいたプログラムを準備すること、併せて保育者が一過性の研修にとどまらず、一貫した方針のもと調査・研究などが実施されることなどの検討が加えられ、一九八三年、講堂の建設と併せ保育センターが開設されることになります。

保育センターの正式名称は、白峰学園保育センター（現在、横浜女子短期大学保育センター）で、事業内容は次のとおりです。

（一）保育に関する調査研究事業
（二）保育に関する研修等の事業
（三）保育技術、保育内容及び保育所等の運営管理に関する研究事業
（四）保育関係者に対する保育技術等の相談事業
（五）保育関係情報等の収集及び提供事業
（六）保育関係者及び保育に関する専門家との交流事業

その後も、保育センターは、保育ニーズが多様化し専門性の向上が望まれるなど保育をとりまく状況の変化を勘案し、運営委員会の組織のもと、神奈川県、横浜市、川崎市に加え、中核都市となった横須賀市、相

模原市と白峰学園が協力態勢を強化して、保育に関する調査研究及び神奈川県内の保育関係者に専門的な知識と技術の習得、また円満な人格涵養のための諸事業を展開しています（信田和子「白峰学園保育センターの二〇年のあゆみ」『横浜女子短期大学研究紀要』一九号　二〇〇四・三）。

終章　保育者へのメッセージ

横浜女子短期大学の図書館は、時代を追って整備されてきました。一九五六（昭和三一）年、横浜保育専門学院の校舎が新築された際、その一角に図書室が設けられ、数百冊程度でスタートします。一九六二年に横浜市南区中村町に新校舎が建てられ移転したときに図書室も充実し、一九六五年九月の蔵書数は、約八、二〇〇冊でした。そして、一九六六年一月、横浜女子短期大学が認可されたときには、短期大学設置基準に則って蔵書などが整備されます。一九七九年五月に横浜市港南台に移転、新校舎が新築されたとき、その一角に二階建ての図書館がオープンしています。当時の蔵書冊数は約二八、〇〇〇冊でした。先に記したとおり一九八三年には、すべての工事が完了します。

それから四年を経た一九八七年一〇月、三階建ての新図書館が完成します。八年前に建てられた前の図書館は別の施設に転用しています。主に三つの理由からでした。第一、保育者をめざす学生、延いては保育に従事する保育者のため、よりよい教育環境を整備すること。第二、急速に変化する社会、情報化時代に対応できる図書館とすること。そして、第三、子どものための読書施設を併せもち学生のための実習の場となるような空間を備えることです。

ここでは、第三点目について補っておきます。竣工時、一階が児童図書室（未完）で、二、三階が図書館スペースでした。その後、一階は多目的室として使われ、近年「子どもの部屋」として、保育室のモデルルームを再現、学生の実習の場となっています。二階には児童書コーナーが設けられ、子どもたちが自由に絵本を読めるスペースが確保されています。

このように現在のレイアウトは、計画当初とは変化していますが、平野恒が、子どもたちに何らかの方法によって読書環境を整備したいとの思いが生かされています。

平野恒が「書物に親しむ」ことに関し特別な思いがあったことを、アメリカの児童福祉視察から帰ってしばらくした頃に山形県内で行った講演で語っています。以下に引用を交え、要約します。

まず、保育者は、自分自身がどのくらい本を読んでいるかを自戒しなければならない。それは、本によって私たちが「種々の世界に引き入れられ……専門以外のことも知ることができ……老人も若い人々」も理解できるようになるなど、読書は何よりも自分の修業に役に立つからです。また、「書物は時代と国境を越えて人々の心を結び広い知識を与える」力があります。重要なのは「人は満六歳までに覚えた言葉によって、その思想に大きな影響を受けており、これによってその生涯が支配される」ことを知ることです。

ここでアメリカの保育所の一例をあげます。アメリカでも、どの子どもも本を見る機会に恵まれているわけではないこと。一定の時間を奉仕できる婦人が、保育園の子どもたちを自動車に乗せ、付近の図書館へ連れて行っている。「こうして小さい時から読書の習慣をつけようとしている」。

1980年代前半

そして、保育者は、自身にとっても、また子どもたちにとっても、書物に親しむ意味を知らなければならない、と結んでいます（「保育者の精神生活」山形県庄内地区園長・保母会　一九五三〈謄写版印刷、発行の経緯は、現在のところ不詳〕）。

現在、図書館では、附属幼稚園の子どもたちとその家族、二〇一四（平成二六）年四月、近隣に開園した白峰保育園の子どもたちなどが、学生や現職の保育士たちに交じって本の森を散策する姿を目にすることができます。

おわりに

日本の児童福祉をふり返るとき、戦争の時代を挟んで、戦前の頃とは大きく変化しているといえます。それは概ねよい方向に、という意味においてです。新たに制定された日本国憲法の下、一九四七（昭和二二）年一二月には児童福祉法が公布されました。この法律は、憲法の第一四条「法の下の平等」、第二五条「健康で文化的な最低限度の生活を営む権利」（生存権）を根拠に、これを児童に関し、具体的に示したものです。その責任主体を児童の保護者と「国及び地方公共団体」としたことは、戦前における「児童保護」から「児童福祉」、「児童家庭福祉」の考え方へと歩みを進めたといえます。そして、一九五一年五月には児童憲章が制定されました。

戦後復興につづく高度経済成長によって、日本は経済大国へと発展をとげますが、その一方で公害に代表されるような、産業を無秩序に拡大させることによって生じる負の側面の存在を知ることになります。近年では、バブル経済の崩壊、それに低成長の時代がつづき、その後の経済成長も格差を生んでいる状態です。

一九八九（平成元）年一一月、国連総会で「児童の権利に関する条約」が採択されました。この年、日本は、合計特殊出生率一・五七となり、本格的な少子高齢社会へと移行することになります。また、小中学生の登校拒否、学級崩壊、青少年犯罪が社会問題化するなど、子どもをめぐる諸問題が大きくクローズアップされるようになります。一九九四（平成六）年四月、日本もやっとこの条約を批准します。それを見守るかのように、その四年後、平野恒先生は九八年の生涯を閉じました。

二〇一二（平成二四）年、子ども・子育て関連三法が制定され、種々の混乱のなか子ども・子育て支援新制度が二〇一五年四月より実施されることになりました。これまでにも幾多のプランの下、少子化対策が練られましたが、子育て支援の施策の内、保育所入所待機児のため、「待機児ゼロ」を目指し、各都市がしのぎを削っています。一方、子どもを取り巻く環境はさらに悪化し、育児不安、児童虐待等を生じる家庭の支援の対策が望まれる事態となっています。

＊

筆者は、横浜保育専門学院の最後の卒業生です。横浜女子短期大学になった数年間は、職員として勤務し、その後保育現場、保育行政に携わり、この一〇年は教員として、本学で授業を担当しています。もう保育人生も終盤の昨年、図らずも、平野恒先生が創始者の社会福祉法人白峰会が設立する白峰保育園の園長を拝命しました。

平野建次理事長、中川緑総括責任者の下で、建築、施設・設備、備品等々、短期間に準備をする立場となりました。重責です。しかし、さらに責任を感じたのは「白峰保育園」つまり、平野恒先生が「一生を捧げて悔いない」として、高い理念のもと、使命感を持って創られ、多くの人びとによって培われた「保育」を実践する役割をいただいたことでした。そこで、もう一度、平野恒先生の保育・幼児教育に対する深い思いを探りたい、探らねばならないと、久しぶりに手にしたのがご著書『白い峰』『児童福祉とわが人生』でした（亀谷美代子「現代の児童福祉・保育が『白い峰』に学ぶこと」『横浜女子短期大学研究紀要』二九号　二〇一四・三）。さらに平野恒先生が学んだ青山学院大学に赴くことで、資料を介して学生時代の先生に出会い、色川大吉氏の『明治人』を通して、父平野友輔、母藤、兄弟姉妹のこと、その育った家庭環境にもふれることとなりました。

＊

平野恒先生は、戦前、戦後を通し、晩年に至るまで、生涯を現役として、子どもの真の幸せのために、第一線で子どもの生活・福祉の充実を願い、保育者の使命を貫いてこられました。

先生は、『わが人生』のなかで、長く生きてときどき過去をふりかえり、気づいたりうなずいたりすることがあるとして、「手をすきにかけてからうしろを見る者は、神の国にふさわしくないものである」（ルカによる

福音書　第九章六二節）というることばをあげ、この真理をこれまでの経験を通し悟ることができた、とおっしゃっています。八〇歳のときです。

先生は、子どもが育つ環境として、「清潔」をキーワードにあげています。それは幼いときから両親の清い生活、兄弟姉妹との楽しい交わり、よく清掃された部屋、清潔な衣類など、すべてのことの経験を通して身につける幼児時代の重要性を言い表していると思われます。そして、キリスト教を通して保育・教育に携わることについては、「人は生まれながらに神を知る」ことの大切さを指摘されています。また、「あなたの若い日に、あなたの造り主をおぼえよ」との聖句を引き、これこそが「くめども尽きぬ真理」だと述べています。それらの思いが結晶しているのが「光の子らしく歩みなさい」ということばではないでしょうか。保育者（教師）は、神の僕《しもべ》らしく日々を歩むこと、これが「使命に生きる」先生の生き方でした。

＊

開園の準備に忙殺されていた頃に「シリーズ　福祉に生きる」執筆のお話をいただきました。一九八八年に、平野恒先生の母上のご著書『看病の心得』（佐藤春刊）を復刻していただいたのが大空社で、そのときのご担当も西田和子さんとお聞きしました。不思議なご縁と思っていましたら、その西田さんが、二〇一四年二月一四日、電車が止まりそうなほどの大雪の日に、直々に本学まで足を運んでくださいました。そのときに、静かながら、雪をも溶かすような熱意のある出版のお話を伺いました。

この「シリーズ」に「平野恒」が仲間入りをすることは、私にとっても大きな喜びに堪えないのですが、先生のことを広く、長く世に伝えていくにはどうしたらよいか、しばしば足踏みもしました。そんな私に、西田さんから度々声をかけていただき、ようやくゴールにたどり着くことができました。ありがとうございました。また、青山学院資料センターでは、貴重な資料を閲覧する機会を与えていただきました。厚くお礼を申し上げます。

平野恒先生を一番近くにいらして、一番よくご存じの、学校法人白峰学園、社会福祉法人白峰会の両理事長を引き継いだ、横浜女子短期大学平野建次学長には本書全文について監修をお引き受けいただいた上、多くの写真を提供していただきました。また、中川緑白峰学園理事には写真の整理でお手を煩わせました。感謝に堪えません。

最後になりましたが、横浜女子短期大学図書館司書の奥泉和久さんには、本書の構成やさまざまなアイディアなどを、同じく原真由美さんには、文献の収集・整理、年表、索引の作成などをお手伝いいただきました。お礼を申し上げます。

亀谷　美代子

仲村優一ほか編『世界の社会福祉　9アメリカ　カナダ』旬報社　2000
『リーディングス　日本の社会福祉　第8巻』（子ども家庭福祉）日本図書センター　2010
井村圭壮・相澤譲治編著　『児童家庭福祉の理論と制度』勁草書房　2011〈福祉の基本体系シリーズ9〉
赤木正典・流王治郎編著『児童家庭福祉論』建帛社　2011

〔雑誌〕
五味百合子「平野恒：人と歩み」『共立社会福祉研究』2号　1986.5
「横浜婦人ホームのこと　平野恒子さんにきく」『婦人新報』1051号　1988.4
左近節子「二宮わかの生涯としごと」『婦人新報』1193号　2000.2
佐竹順子「平野恒先生九九年の人生」『婦人新報』1210号　2001.7
中積治子「雷婆さんと呼ばれて：二宮わかと安次の社会事業」『史の会研究誌　大正の響きをきく』1991.8
今井小の実「覚え書き母子保護法成立までの軌跡：母性保護連盟の活動を追って」『大阪体育大学健康福祉学部研究紀要』創刊号 2004.3

〔DVD〕
DVD　木下恵介劇場『記念樹』松竹　2012

〔ウェブ情報〕
神奈川幼稚園　http://www.k5.dion.ne.jp/~fuzokuen/〔2015.06.25〕
横浜愛隣幼稚園　http://yokohama-airin.com/publics/index/21/〔2015.06.25〕

なお、下記の文献については、2016年3月発行予定の『横浜女子短期大学研究紀要』に全文を掲載する予定です。

平野恒子「保育所の使命と当面の諸問題」山形県社会福祉協議会　1952〈民生叢書　第4集〉
平野恒子「保育者の精神生活」山形県庄内地区園長・保母会　1953〔謄写版印刷、発行の経緯は、現在のところ不詳〕

参考文献

本文で示した文献は除き、概ね発行順に配列しました。

〔図書〕

『日本メソジスト横浜教会六十年史』日本メソジスト横浜教会　1937
『神奈川県社会事業施設概要　昭和13年版』神奈川県社会事業協会　1938
色川大吉『明治人　平野友輔の生涯』人物往来社　1965〔筆者注：本文で掲げた図書と副題が異なるが同じ内容〕
『青山学院九十年史』青山学院　1965
高橋政子〔ほか〕『日本近代看護の夜明け』医学書院　1973
『児童福祉のあゆみ：児童相談所25年史』神奈川県民生部児童課　1974
児童福祉法研究会『児童福祉法成立資料集成』（上・下）ドメス出版　1978
高橋政子『写真で見る日本近代看護の歴史：先駆者を訪ねて』医学書院　1984
『秋の草花』第1～3集　神奈川県社会福祉婦人懇話会　1984-2015
芹沢勇『神奈川県社会事業形成史』神奈川新聞厚生文化事業団　1986
日本キリスト教婦人矯風会編『日本キリスト教婦人矯風会百年史』ドメス出版　1986
神奈川県立婦人総合センターかながわ女性史編集委員会編『夜明けの航跡：かながわ近代の女たち』ドメス出版　1987
日本キリスト教歴史大事典編集委員会編『日本キリスト教歴史大事典』教文館　1988
『金沢郷と引揚援護：それを支えた社会事業家の群像』神奈川県同胞援護会　1988
『神奈川県の保育史資料』白峰学園保育センター　1989
『戦後保育50年史　第5巻』（保育運動と保育団体論）栄光教育文化研究所　1997
今波はじめ『シリーズ 福祉に生きる30　矢嶋楫子』大空社　1999
『横浜共立学園の120年』編集委員会編『横浜共立学園の120年：1871-1991』横浜共立学園　1991
『横浜共立学園の140年』編集委員会編『横浜共立学園の140年：1871-2011』横浜共立学園　2011
江刺昭子＋史の会『時代を拓いた女たち　かながわの131人』神奈川新聞社　2005
江刺昭子＋史の会『時代を拓いた女たち　かながわの111人』第Ⅱ集　神奈川新聞社　2011

1979（昭和 54）年　80 歳

1.28　日本民生文化協会主催第 25 回「社会事業に働く者の集い」において、先覚者功労賞を受ける

5.20　横浜女子短期大学第 1 期工事校舎本館完成、全面移転、白峰会児童相談室、大学敷地内に併設

5.-　神奈川新聞に「わが人生」を連載開始（～ 43 回、1980.3.9）

◇国連、国際児童年

1980（昭和 55）年　81 歳

3.-　横浜女子短期大学第 2 期工事体育館完成

1982（昭和 57）年　83 歳

1.1　『児童福祉とわが人生』刊（神奈川新聞厚生文化事業団）

1983（昭和 58）年　84 歳

3.-　横浜女子短期大学第 3 期工事講堂・保育研究施設完成

6.3　秩父宮妃殿下ご臨席のもとに、横浜女子短期大学新校舎落成式挙行

10.13　第 1 回美しき躍動開催

◇ 4.-　白峰学園保育センター開所（横浜女子短期大学内）

1985（昭和 60）年　86 歳

4.1　入学定員を 200 名、総定員を 400 名に変更

◇ 6.1　改正男女雇用機会均等法公布

1987（昭和 62）年　88 歳

10.8　横浜女子短期大学新図書館開館

11.3　勲三等瑞宝章（教育事業）受賞

1989（昭和 64 ／平成元）年　90 歳

◇ 3.15　文部省「幼稚園教育要領」を改訂告示

11.20　国連総会「児童の権利に関する条約」採択

1990（平成 2）年　91 歳

2.1　「平野恒先生 91 歳の誕生日を祝う集い」を開催

11.12　日本キリスト教文化協会よりキリスト教文化功労者顕彰を受賞

◇ 3.27　「保育所保育指針について」25 年ぶり改訂

1994（平成 6）年　95 歳

◇ 3.29　「児童権利条約」国会承認

12.16　文部・厚生・労働・建設四省合意「今後の子育て支援のための施策と基本方向について」（エンゼルプラン）決定

1996（平成 8）年　97 歳

10.29　横浜女子短期大学創立 55 年式典挙行

1998（平成 10）年

1.20　帰天（享年 98）

1967（昭和42）年　68歳

◇4.-　厚生省の保育所緊急整備5か年計画始まる

6.-　中央児童福祉審議会「保母の養成確保について」意見具申

1968（昭和43）年　69歳

7.-　神奈川県委託事業「無資格保母夏季現任訓練」を横浜女子短期大学で開講（～1975）

1969（昭和44）年　70歳

1.1　母藤、帰天（享年99）

1970（昭和45）年　71歳

4.27　横浜市磯子区に横浜女子短期大学附属幼稚園設置、園長就任（定員160名）

11.28　第7回児童及び青年のための白亜館会議に出席、帰途ジュネーブ、ロンドン、パリの児童福祉事業視察（～12.23）

1971（昭和46）年　72歳

4.-　横浜女子短期大学、校舎、図書館を整備し、教育の充実をはかる

◇5.27　児童手当法公布

10.-　中央児童福祉審議会「保育所における幼児教育のあり方について」意見具申

1972（昭和47）年　73歳

7.-　横浜女子短期大学において、神奈川県委託事業「夏季保育ゼミナール」（主任保母・一般有資格保母を対象）を開講（主任保母については、1980年に横浜市、1981年に川崎市からも委託を受ける）

1974（昭和49）年　75歳

11.15　横浜文化賞受賞

◇1.-　障害児保育事業実施

1976（昭和51）年　77歳

2.-　横浜女子短期大学定員変更認可（200名）

7.-　横浜女子短期大学、横浜市港南区に運動場を開設

10.-　神奈川県社会福祉婦人懇話会役員会、「保母の日」制定について、神奈川県知事に意見具申

1977（昭和52）年　78歳

11.10　神奈川県「保母の日」運営委員委員長に就任

◇10.-　神奈川県、全国初の「保母の日」を制定

12.-　第1回保母の日のつどいと第13回保母賞贈呈式を県立音楽堂で開催

1978（昭和53）年　79歳

5.-　横浜女子短期大学、横浜市港南区に校舎新築移転事業実施（3か年計画）

10.12　秩父宮妃殿下のご臨席をえて、白峰会 60 周年並びに横浜保育専門学院 20 周年の記念式典、記念祝会、展示会を開催
◇ 11.30 国連総会で「児童権利宣言」採択

1960（昭和 35）年　61 歳

3.-　第 6 回児童及び青年のための白亜館会議に出席。後、ロンドン、パリ、ハンブルク等、欧米の青少年活動、保母養成事業視察、帰途香港の CCF 傘下、チルドレンズホーム並びにスラムを視察（～ 1960.5）
3.-　サンディエゴ・チルドレンズホーム終身名誉会員に推される

1961（昭和 36）年　62 歳

◇ 11.29 児童扶養手当法公布

1962（昭和 37）年　63 歳

9.-　横浜保育専門学院、校舎（県有財産）を横浜市南区に新築移転（定員変更 200 名）、10.23 落成式

1963（昭和 38）年　64 歳

12.18　高風子供園、増改築落成式

1964（昭和 39）年　65 歳

7.30　神奈川県社会福祉婦人懇話会を結成、会長に就任、保母の社会的地位の向上のため保母賞制定について神奈川県知事に意見具申（1965 年 12 月神奈川県保母賞制定される）
10.20　白峰会児童相談室、社会福祉事業法に基づく施設として認可
◇ 3.23「幼稚園教育要領」を改訂告示
7.1　厚生省児童局、児童家庭局に改称
7.1　母子福祉法公布

1965（昭和 40）年　66 歳

◇ 8.18　母子保健法公布
8.-　厚生省『保育所保育指針』刊
12.5　第 1 回神奈川県保母賞贈呈式

1966（昭和 41）年　67 歳

1.25　学校法人白峰学園を設立、横浜女子短期大学（保育科）を設置（定員 100 名）、理事長に就任
4.29　勲四等瑞宝章（母子福祉）を受章
4.-　平野恒、高風子供園をテーマとした TBS テレビドラマを木下恵介劇場「記念樹」として放映（～ 1967.2）
6.3　秩父宮妃殿下ご臨席のもと横浜女子短期大学開学式を行う
11.3　神奈川県文化賞を受賞
◇ 12.23 中央児童福祉審議会、児童福祉施策の推進に関する意見具申
12.27「幼稚園設置基準」改正

7.10 幼児教育、母子保護事業の貢献により、神奈川県知事表彰を受ける
8.30 国連の奨学金を受け、社会事業、児童福祉研究のためカナダに学ぶ（～ 1952.1）
◇3.29 社会福祉事業法公布
5.5 児童憲章制定宣言

1952（昭和 27）年 53 歳

4.- ララ物資援助終了、米国基督教児童福祉会（CCF）より援助を受ける
5.- 社会福祉事業法に基づき、財団法人白峰会を社会福祉法人に組織変更、理事長に就任
7.- 横浜保育専門学院講堂を改築して中村愛児園ナースリースクール開設、インスペクションルーム開設
◇3.5 厚生省「保育指針」刊
3.- 保育施設等へのララ物資援助終了
5.21「幼稚園基準」を通達
7.- 第 1 回全国保育事業大会開催（松江市）全社協、厚生省主催

1953（昭和 28）年 54 歳

4.- 藤沢寮を藤沢市に移管
7.- 白峰会本部内の白峰会診療所を横浜市南区に移転、夜間診療開始（渡辺たま夫人追悼記念としての寄附による）

1954（昭和 29）年 55 歳

◇7.- 厚生省『保育所の運営』発行
8.- 厚生省児童局保育課を「母子福祉課」と改称

1956（昭和 31）年 57 歳

11.3 藍綬褒章（児童福祉、社会福祉）を受章
◇2.- 幼稚園教育要領公布（保育要領廃止）
12.13「幼稚園設置基準」を制定

1958（昭和 33）年 59 歳

5.31 児童福祉向上に寄与する功により厚生大臣表彰を受ける
5.- 白峰会本部内に白峰会児童相談室を創設
11.23 第 2 回国際児童福祉研究会議（東京産経会館）に出席「崩壊家庭、貧困家庭の両親及び児童の援助、非行防止、身体障害児と精神障害児の保護と教育」について意見発表
11.28 国際社会事業教育会議に出席「上級職員養成について」討議に参加
11.30 第 9 回国際社会事業会議（～ 12.6）に出席「社会福祉に対処するための財源の動員」について意見発表

1959（昭和 34）年 60 歳

9.20 白峰会創立 60 周年を記念して『白い峰』刊（白峰会）

1948（昭和23）年　49歳

3.4、3.9　厚生省の依頼を受け、戦後の社会事業及び保母養成の一環として養成所設置、施設基準の審議に参画
-.-　横浜市南区に白峰会本部建物を新築、横浜保母学院を仮校舎（高風寮）より移転（入学生13名）
8.6　白峰会本部建物内に白峰会診療所を設立･認可、一般診療のほか、乳幼児、母子の保健指導を行う
10.6　神奈川県、公選第1回教育委員に当選（～1952）
12.16　白峰会、神奈川県と保母養成事業の委託契約
◇2.-　神奈川県民生部に「児童課」設置
3.1　『保育要領：幼児教育の手びき』刊
4.-　厚生省「保母養成施設の設置及び運営に関する件」通達
12.29　「児童福祉施設設備最低基準」公布、施行
12.-　厚生省、「保母養成規程」制定
-.-　第1回保母試験開始

1949（昭和24）年　50歳

1.-　白峰会本部内にララ物資クローズィング・ステーション開設
3.13　高松宮殿下、中村愛児園、横浜保母学院をご視察
4.1　横浜保母学院、横浜保育専門学院と改構、厚生省指定の保母養成校として、神奈川県と事業委託契約を締結する(履修課程2か年、児童福祉施設保母の養成)
4.-　高風子供園、児童福祉法による養護施設として認可（定員30名）
5.24　社会福祉功労者として厚生大臣賞受賞
6.-　中村愛児園、児童福祉法による保育所として認可（定員100名）
6.-　高風保育園、児童福祉法による保育所として認可（定員45名）
11.-　ユニセフより脱脂粉乳、全乳、キャンディその他の援助物資日本到着、配分を受ける（1955年12月まで継続、CAC援助に代わる）
◇5.-　「保育施設給食実施要綱」実施
6.-　厚生省、保育所の給食開始
9.-　厚生省、第1回保母指導講習会開催

1950（昭和25）年　51歳

8.-　高風寮における母子寮を廃止し、藤沢寮に合併
10.-　白峰会診療所にララ物資のミルクステーションを開設
12.3　米国政府の招聘を受け「第5回児童及び青年のための白亜館会議」(White House Confidence on Child and Youth) に日本代表として出席、併せて米国の児童福祉事業視察（～1951.3）
◇9.-　厚生省「保育所運営要領」発行

1951（昭和26）年　52歳

4.-　横浜保育専門学院新校舎建設

5.- 横浜大空襲により、幼稚園・保育所とも殆ど壊滅
-.- 平塚・小田原など県下一円で、空襲により幼稚園・保育所に被害出る
-.- 保育園児ら、長野県に集団疎開

1946（昭和 21）年　47 歳

2.18 皇后陛下のお召しにより宮内省にて拝謁、事業について言上
2.- 金沢郷内に保育所を設置（幼児 150 名）
3.7 横浜市中区本牧に、当時焼け残っていた横浜市所有の高風寮について半井市長に懇請、戦災、引揚げによる生活困窮の母子及び孤児、浮浪児を収容保護（母子 62 名、児童 21 名）
4.7 皇后陛下、金沢郷内の母子寮、保育所をご視察
10.5 中村愛児園々舎を新築、保育再開（定員幼児 130 名）
11.- 金沢郷を解散、事業を神奈川県同胞援護会に移管
12.14 第 1 回ララ物資、神奈川県に到着、配分を受ける
-.- ララ救援物資中央委員会委員（～ 1952）、神奈川県社会教育委員会中央委員、横浜家庭裁判所調停委員（～ 1967）、神奈川県保育連合会初代会長などに就任
◇ 6.22 幼稚園令改正、保母を幼稚園教員と改める
9.9 生活保護法公布、託児所は保護施設となる
11.- 神奈川県に「民生部」設置

1947（昭和 22）年　48 歳

4.- 横浜保母学院､高風寮食堂を仮校舎として昼間授業再開(学生 6 名)
4.- 高風寮内に高風保育園を設置（旧相沢託児園）保育開始（定員幼児 64 名）
6.19 高風寮（母子寮、子供園）、生活保護法による保護施設として認可　→　1950.8 藤沢寮に合併、廃止
6.- 藤沢市善行に藤沢寮を設立、引揚者家族、母子保護事業を再開　→　1953.4 藤沢市に移管
8.12 財団法人白峰会設立、理事長就任
12.- 共同募金運動が始まり第 1 回配分金（14 万 7 千円）受領、以後毎年受配
◇ 3.19 厚生省に児童局を新設
3.31「教育基本法」「学校教育法」公布（幼稚園令施行規則を廃止）
8.- 全国保育指導者講習会（川崎）開催。保育原理作成･保育カリキュラム等討議
12.2 厚生省児童局に保育課を新設
12.12「児童福祉法」公布

1942（昭和17）年　43歳

6.8　中村愛児園、春光園母子寮に戸田康英侍従のご差遣を賜る
8.8　天皇、皇后両陛下より練乳のご下賜を賜る
10.10　中央社会事業協会長から表彰を受ける
11.-　中村愛児園、厚生大臣賞を受賞
◇4.-　横浜市保育所使用条例・規程制定

1943（昭和18）年　44歳

5.14　皇后陛下のご名代として神奈川県下の社会福祉事業をご視察の秩父宮妃殿下に、中村愛児園、相沢託児園、春光母子寮、横浜母性学園、横浜保母学院の事業について、神奈川県庁で言上
◇-.-　横浜・横須賀・川崎・藤沢等各自治体で戦時託児所に関する要綱を制定
-.-　県内各地で託児所4か所、戦時託児所4か所開設

1944（昭和19）年　45歳

10.-　皇后陛下より中村愛児園にご下賜金を賜る
◇4.-　東京都「幼稚園閉鎖令」を出し、5月に戦時託児所設置基準制定
6.30　学童疎開促進要綱、閣議決定
-.-　小田原で保育所1か所開設
-.-　戦時託児所、県内92か所

1945（昭和20）年　46歳

3.-　神奈川県中郡成瀬村（現伊勢原市）に中村愛児園、相沢託児園の幼児を疎開、「青々園」と命名
5.29　空襲により全施設を焼失（中村愛児園、相沢託児園、春光園母子寮、横浜母性学園、横浜保母学院）
5.30　春光園母子寮の母子を成瀬村の関泉寺、妙泉寺に緊急疎開
7.-　長野県西筑摩郡神坂村（現岐阜県中津川市）の公会堂を借り、妊婦、肢体不自由児、成瀬村青々園の母子の希望者を疎開（横浜市委託事業による）
8.15　長野県神坂村で戦争終結を知る
9.29　宮内省の招きを受け、藤田尚徳侍従長に社会福祉事業の現状について具申
10.2　米陸軍キャプテン・マッカーラーを米軍々政部に訪問、今後の児童福祉のための意見を聞き、成瀬村青々園について説明、すぐに現地に案内、キャプテンは翌日社会事業復興に対する意見を神奈川県に示唆
11.10　横浜市磯子区（現金沢区）の元海軍航空技術廠工員宿舎に県内社会事業同志と共に金沢郷を組織して、引揚母子の収容保護
12.-　中村愛児園に歳末特別賜金を賜る
◇4.-　川崎空襲により、幼稚園・保育所とも殆ど壊滅

10.25　相沢託児園復興建築完成

1930（昭和 5）年　31 歳

3.31　青山学院神学部卒業

1931（昭和 6）年　32 歳

4.1　二宮ワカの後を受けて、中村愛児園、相沢託児園々長就任

-.-　日本メソジスト横浜教会年会において、横浜市内社会事業担当夫人伝道師を任命される（1930 年とも）

1932（昭和 7）年　33 歳

5.-　相沢託児園、乳児部を増設

1933（昭和 8）年　34 歳

7.-　横浜市中区（現南区）に中村愛児園々舎新築（ウィリアム・メレル・ヴォーリズ設計による）移転、乳児部開設

1935（昭和 10）年　36 歳

4.19　母性保護連盟第 1 回全国委員会を開催、全国委員に石本静枝、村岡花子、奥むめをらとともに個人会員として選出される

8.5　横浜市南区中村愛児園隣接地に春光園母子寮落成、寮長就任

1936（昭和 11）年　37 歳

-.-　母性保護連盟代表委員に就任（～ 1937.3）

1937（昭和 12）年　38 歳

4.1　在満皇軍慰問使節愛国婦人会神奈川支部代表として渡満（～ 4.21）

11.-　中村愛児園、相沢託児園で園児のために給食開始

◇ 3.31　母子保護法公布

1938（昭和 13）年　39 歳

◇ 1.11　厚生省設置

4.1　社会事業法公布、託児所が明文化される

1940（昭和 15）年　41 歳

12.6　神奈川県託児所保母養成所入所式

12.-　横浜市南区の土地を借用、校舎を建築し軍人遺家族女性に育児、非常時に処する教養などを学ばせる目的で横浜母性学園を設立、園長就任

-.-　横浜保母学院、秋には認可に先行して授業を開始

1941（昭和 16）年　42 歳

2.15　同地に横浜保母学院設置申請（神奈川県託児所保母養成所を改称）

6.30　横浜保母学院設置認可、院長就任（履修課程 1 か年、初年度の入学生 12 名）

◇ 3.1　「幼稚園令」改正、国民学校令公布

4.8　「幼稚園令施行規則」改正

平野恒　年譜

凡例

平野恒に関し、社会福祉事業に携わる経緯を中心に項目を立てた。記述は、主要事項と関連する事項に分け、後者については◇を付した。

項目の採録は、平野恒『児童福祉とわが人生』を主とし、その他の文献を参照した。『児童福祉とわが人生』の本文と同書所収の年譜に異同がある場合は本文を採用し、また、同書と他の資料とに異同がある場合は、明らかな誤記を除き、同書を採用した。また、本文同様、当時の用語をそのまま用いた。

1899（明治 32）年　0 歳

2.1　藤沢の開業医父友輔と母鐙（藤）の次女として誕生

◇ 6.28　幼稚園保育及び設備規程公布

1902（明治 35）年　3 歳

8.10　父友輔、第 7 回衆議院議員総選挙に無所属で立候補し、当選

1905（明治 38）年　6 歳

4.1　藤沢市立尋常高等小学校に入学

1912（明治 45）年　13 歳

4.-　仏英和高等女学校（現東京・白百合学園）入学、寄宿生活に入る

1923（大正 12）年　24 歳

9.1　関東大震災により平野家全壊

1924（大正 13）年　25 歳

9.19　父友輔、藤沢駅落成祝賀会において脳溢血で倒れ、闘病生活に入る

1926（大正 15 ／昭和元）年　27 歳

4.-　二宮ワカに請われ、矯風会横浜支部婦人ホーム落成のため初代寮長に就任（～ 1927.3）、矯風会在任中、日本メソジスト蓬来町教会で、杉原成義牧師により受洗

◇ 4.22「幼稚園令」公布

4.22「幼稚園令施行規則」制定

12.-　第 1 回全国児童保護事業会議。幼稚園令改正に関する会議を行う

1927（昭和 2）年　28 歳

4.1　キリスト教幼児教育研究の目的をもって、青山学院神学部に入学

-.-　矯風会横浜支部理事に就任（～ 1945）

-.-　全国的に農繁期託児所が増加

1928（昭和 3）年　29 歳

4.3　父友輔、3 年 7 か月にわたる闘病の末、母藤の看護のもと帰天（享年 72）

【は行】
バラ, J・H (James Hamilton Ballagh) 38
バン・ペテン → ヴァン・ペテン
比根屋安定 52,53
平田平三 59,61,63,65
平野武 28
平野鐙（藤） 19,24-26,33,34,36,42,44
平野友輔 19-29,31-34,36-37,42-44,49,56,58,60
平野友信 27
平野英 28
平野正 27
平野康 27 →：三浦康
藤田尚徳 106
別所梅之助 59
ベリー，アーサー・D (Arthur D. Berry) 52,53
星野天知 26

【ま行】
マッカーラー 108,113
松本卓夫 52,53
馬淵晴子 159
三浦康 136 →：平野康
村岡花子 78

【や行】
矢嶋楫子 33-36,42,43
安田伊八郎 24
山田太一 157-159
山田わか 78
山高しげり 77
山本さよ 121
吉見静江 174,175

【ら行】
ルーズベルト，セオドア (Theodore Roosevelt) 141

【わ行】
渡辺善太 52,53
渡辺たま 59,62,137,138

付表一覧

表－1 二宮ワカ年譜 41
表－2 私立警醒小学校附属児童教育所／中村愛児園 1899-1949 66
表－3 相沢託児園／高風保育園 変遷 1883-1949 67
表－4 高風子供園 163

人名索引　（平野恒は除いた）

【あ行】
阿部絢子　178
阿部志郎　179
石坂昌孝　21
石坂美那　22
石本静枝　78
市川房枝　78
伊藤信一　39,57,59
色川大吉　20
ヴァン・ペテン（Van Petten）39,62-64
ヴォーリズ，ウィリアム・メレル
（William Merrell Vories）　70,71
海上胤平　25
大金益次郎　106
小笠原鍾　21
小笠原東陽　20,21
小川あきの　178
小川牧師　25
奥むめを　78

【か行】
川尻　53
川頭義郎　159
菊地とみ子　59
北村透谷　22
城戸順子　59,71
木下恵介　151,157,158
木下忠司　159
皇后（良子）95,96,112

【さ行】
島崎藤村　99
ジョースト，ハリエット（Harriet J. Jost）54,60
杉原成義　45
瀬田良市　178

【た行】
高崎能樹　52
高杉早苗　159
高田正巳　140
高松宮宣仁　116
秩父宮妃勢津子　96,156,167,171
津田隆次　59
坪井良子　25
ツルー　→　トゥルー
鶴山マサ子　47
天皇（昭和）　95
トゥルー，メアリー（Mary T. True）34,42,43
徳富久子　33
戸田康英　95,112
ドレーパー，ウィニフレッド
（Winifred Draper）　51,59,75
ドレーパー，ギデオン・フランク
（Gideon Frank Draper）　51
ドレーパー，シャーロッテ
（Charlotte Pinckney Draper）　51

【な行】
中川緑　179
半井清　118
二宮安次　38
二宮ワカ　16,36-40,42-44,47,55-62,65,68
71,72,135,138,160,164
野村美智　59

●著者紹介
亀谷美代子（かめや・みよこ）
横浜保育専門学院（現横浜女子短期大学）卒業。日本女子大学通信教育課程卒業。
藤沢市立保育園園長、藤沢市健康福祉部参事、認定こども園ゆうゆうのもり幼保園副園長、横浜女子短期大学教授などを歴任。現在は、社会福祉法人白峰会白峰保育園園長。
著書に『子育て支援』（共著、大学図書出版）など。

●企画・編者紹介
津曲裕次（つまがり・ゆうじ）　1936年生まれ。長崎純心大学大学院教授。筑波大学名誉教授、高知女子大学名誉教授。専攻は知的障害者施設史。

一番ヶ瀬康子（いちばんがせ・やすこ）（1927～2012）日本女子大学名誉教授。専攻は高齢者・児童・障害者福祉など社会福祉全般。

シリーズ 福祉に生きる 68
平《ひら》野《の》恒《つね》

定価（本体二、〇〇〇円＋税）

二〇一五年一一月二五日第一刷発行（大空社）
二〇一六年二月一二日第二刷発行（大空社）
二〇一八年三月二六日第三刷発行

著者　亀谷美代子
編者　津曲裕次
発行者　鈴木信男
発行所　大空社出版㈱
東京都北区中十条四－三－二
電話　〇三（五九六三）四四五一
郵便番号　一一四－〇〇三二
E-mail:eigyo@ozorasha.co.jp

落丁乱丁の場合はお取り替えいたします

ISBN978-4-908926-38-9 C0023 ¥2000E

シリーズ　福祉に生きる

◇収録一覧◇

発行は　1～68巻・大空社
　　　　以降・大空社出版

1　山髙しげり……………鈴木聿子　著
2　草間八十雄……………安岡憲彦　著
3　岡上菊栄……………前川浩一　著
4　田川大吉郎……………遠藤興一　著
5　糸賀一雄……………野上芳彦　著
6　矢吹慶輝……………芹川博通　著
7　渡辺千恵子……………日比野正己　著
8　高木憲次……………村田　茂　著
9　アーノルド・トインビー……高島　進　著
10　田村一二……………野上芳彦　著
11　渋沢栄一……………大谷まこと　著
12　塚本　哲……………天野マキ　著
13　ジョン・バチラー……………仁多見巌　著
14　岩永マキ……………米田綾子　著
15　ゼノ神父……………枝見静樹　著
16　ジェーン・アダムズ……………木原活信　著
17　渡辺海旭……………芹川博通　著
18　ピアソン宣教師夫妻／佐野文子……………星　玲子　著
19　佐藤在寛……………清野　茂　著
20　シャルトル聖パウロ修道女会……………泉　隆　著
21　海野幸徳……………中垣昌美　著
22　北原怜子……………戸川志津子　著
23　富士川　游……………鹿嶋海馬　著

24 長谷川良信……………長谷川匡俊 著
25 山谷源次郎……………平中忠信 著
26 安達憲忠……………佐々木恭子 著
27 池上雪枝……………今波はじめ 著
28 大江　卓……………鹿嶋海馬 著
29 生江孝之……………小笠原宏樹 著
30 矢嶋楫子……………今波はじめ 著
31 山室機恵子……………春山みつ子 著
32 山室軍平……………鹿嶋海馬 著
33 林　歌子……………佐々木恭子 著
34 奥　むめお……………中村紀伊 著
35 エベレット・トムソン／ローレンス・トムソン……阿部志郎／岸川洋治 著
36 荒崎良道……………荒崎良徳 著
37 瓜生イワ……………菊池義昭 著
38 中村幸太郎……………桑原洋子 著
39 久布白落實……………高橋喜久江 著
40 三田谷　啓……………駒松仁子 著
41 保良せき……………相澤譲治 著
42 小池九一……………平中忠信 著
43 大石スク……………坂本道子 著
44 宋　慶齢……………沈　潔 著
45 田中　豊／田中寿美子……川村邦彦／石井　司 著
46 萬田五郎……………清宮烋子 著
47 吉見静江……………瀬川和雄 著
48 川田貞治郎……………吉川かおり 著
49 石井筆子……………津曲裕次 著
50 大坂鷹司……小松　啓／本田久市 著

51 石井亮一……………………………津曲裕次 著
52 長谷川保……………………………小松　啓 著
53 姫井伊介……………………………杉山博昭 著
54 若月俊一……………………………大内和彦 著
55 江角ヤス……………………………山田幸子 著
56 森　章二……………………………飯尾良英 著
57 近藤益雄……………………………清水　寛 著
58 長沢　巌……………………………長沢道子 著
59 グロード神父………………………白石　淳 著
60 奥田三郎……………………………市澤　豊 著
61 永井　隆……………………………山田幸子 著
62 髙江常男……………………………佐藤勝彦 著
63 大場茂俊……………………………大場　光 著
64 小林運平／近藤兼市……………佐藤忠道 著
65 奥村多喜衛…………………………中川芙佐 著
66 菊田澄江……………………………遠藤久江 著
67 原崎秀司……………………………中嶌　洋 著
68 平野　恒……………………………亀谷美代子 著
69 長谷川りつ子／長谷川よし子……米村美奈 著
70 白沢久一……………………………宮武正明 著